AF537406

Klaus Farin

Böhse Onkelz

Gehasst, geliebt, vergöttert.

Die Fans

HIRNKOST

Originalausgabe

Lahnstraße 25
12055 Berlin
prverlag@hirnkost.de
www.hirnkost.de

2. Auflage April 2023

Vertrieb für den Buchhandel: Runge (msr@rungeva.de)
E-Books, Privatkunden und Mailorder: shop.hirnkost.de

Layout: Linda Kutzki

ISBN:
978-3-945398-62-3 (print)
978-3-945398-63-0 (pdf)
978-3-945398-64-7 (epub)

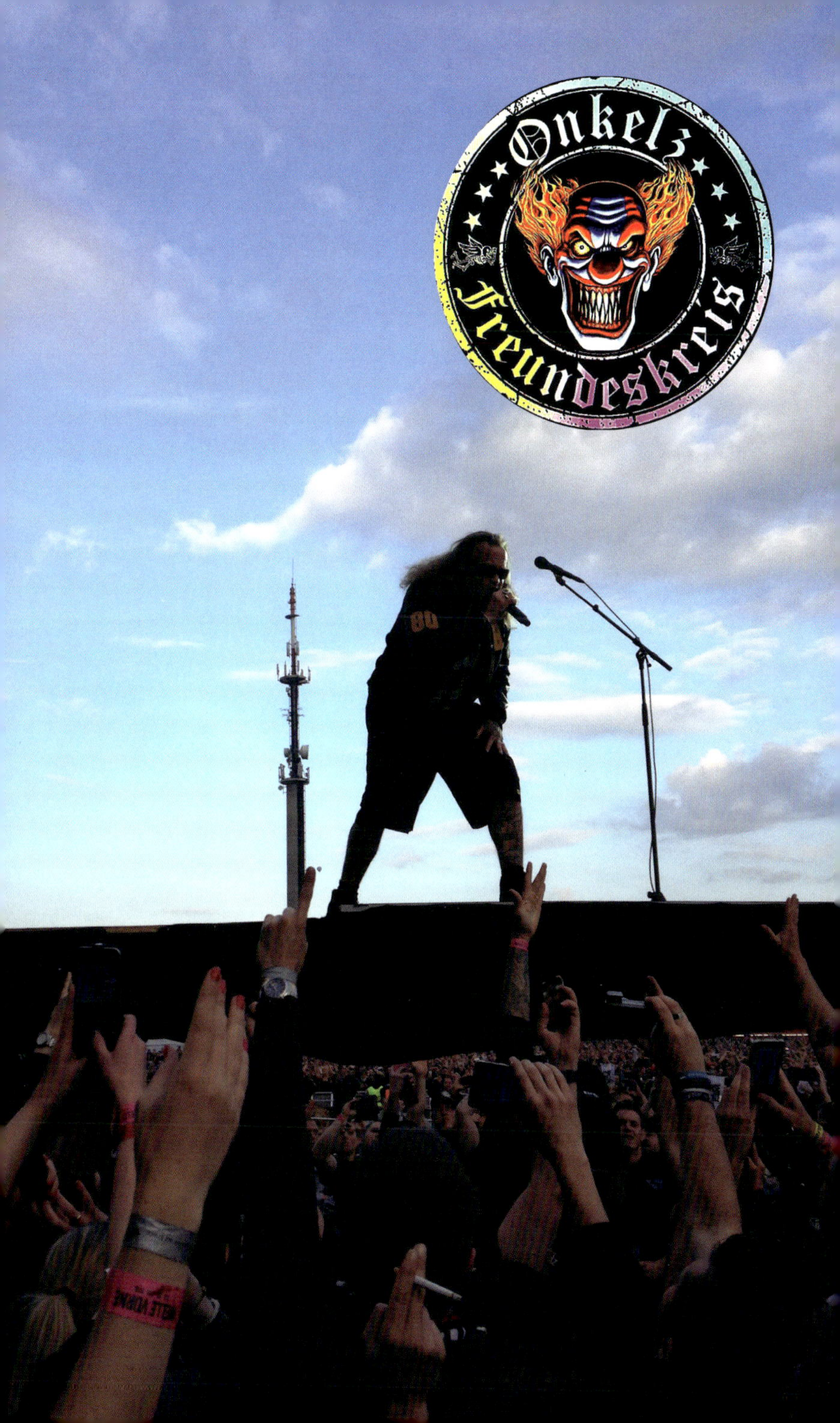
Onkelz
Freundeskreis

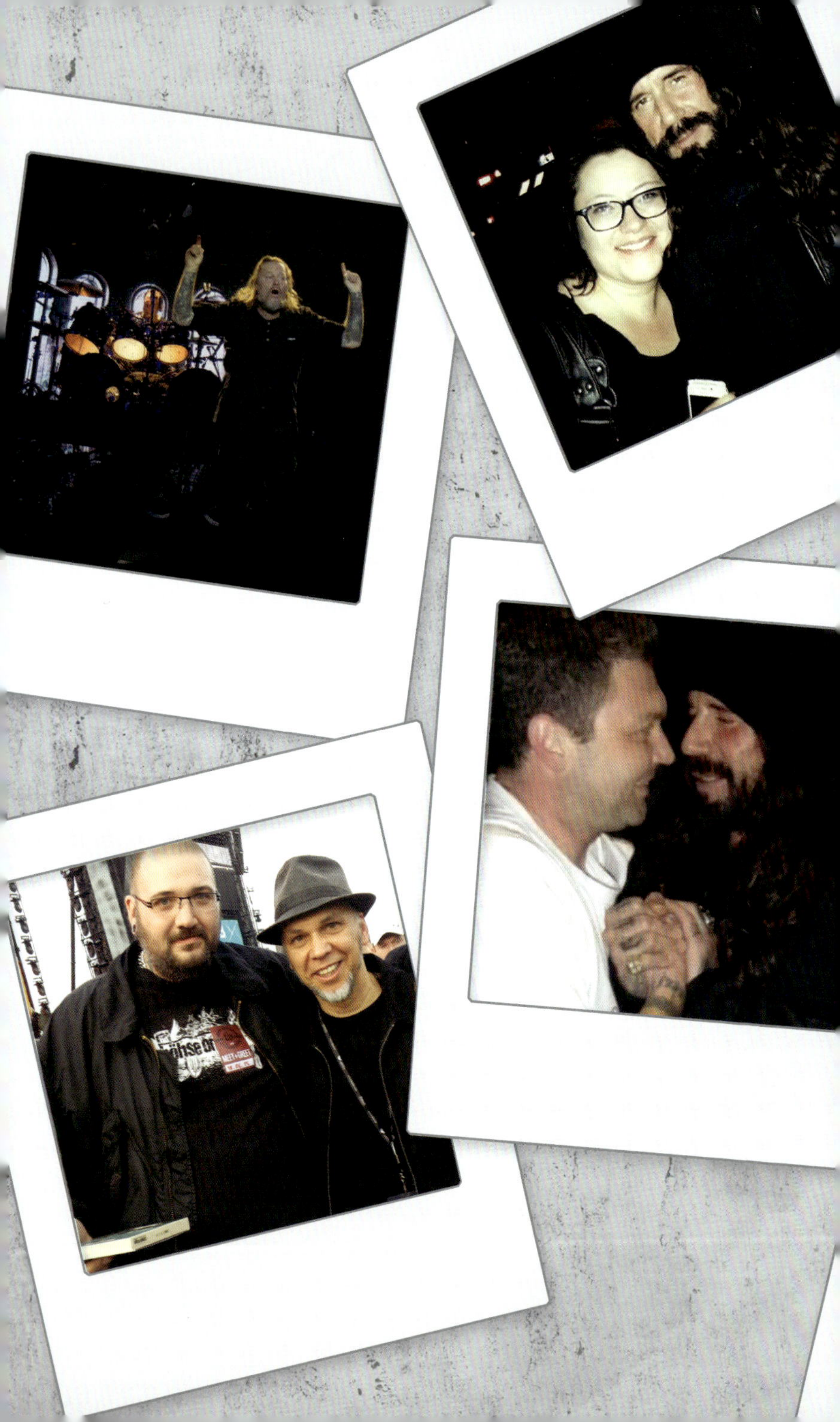
MEET + GREET

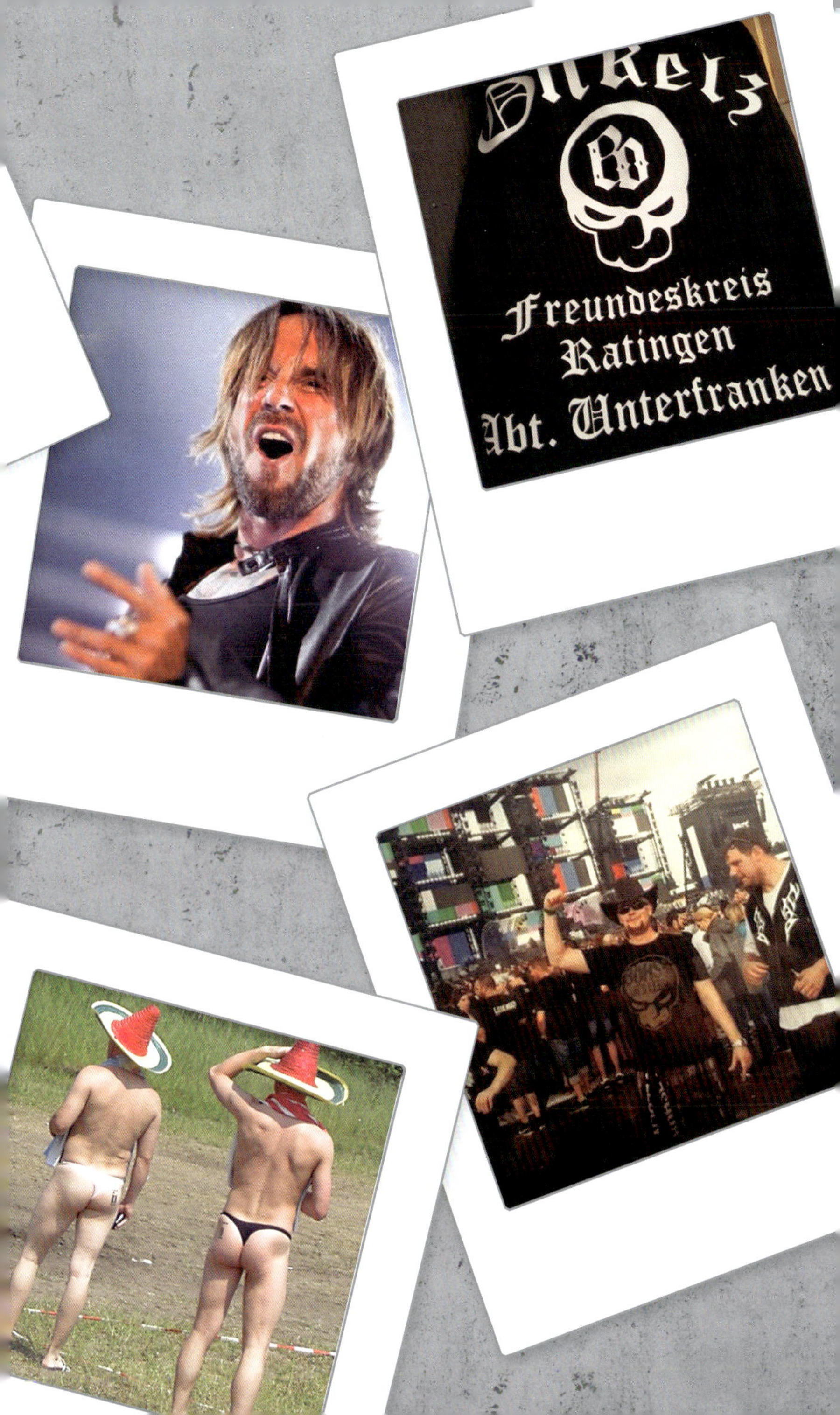
Onkelz
BO
Freundeskreis
Ratingen
Abt. Unterfranken

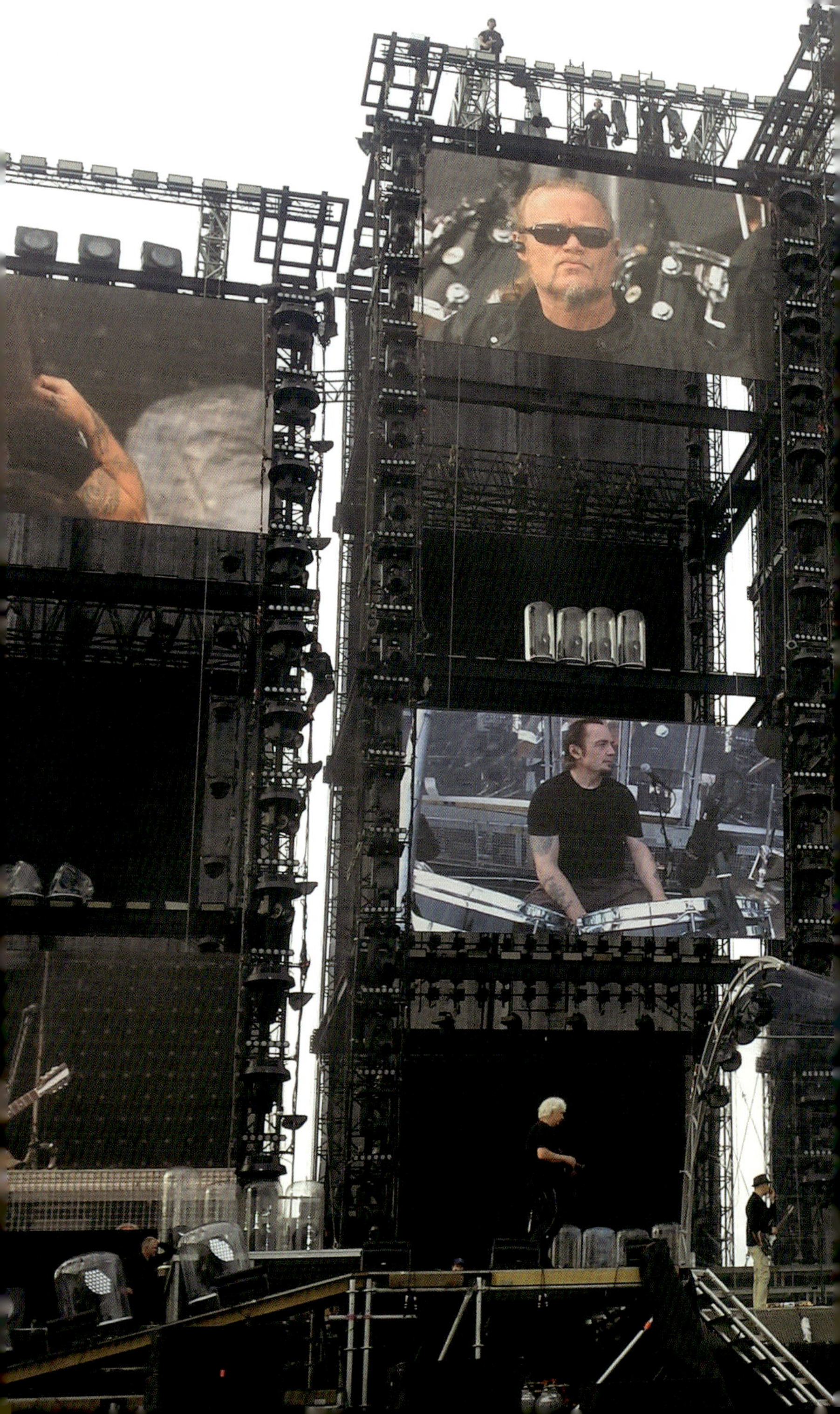

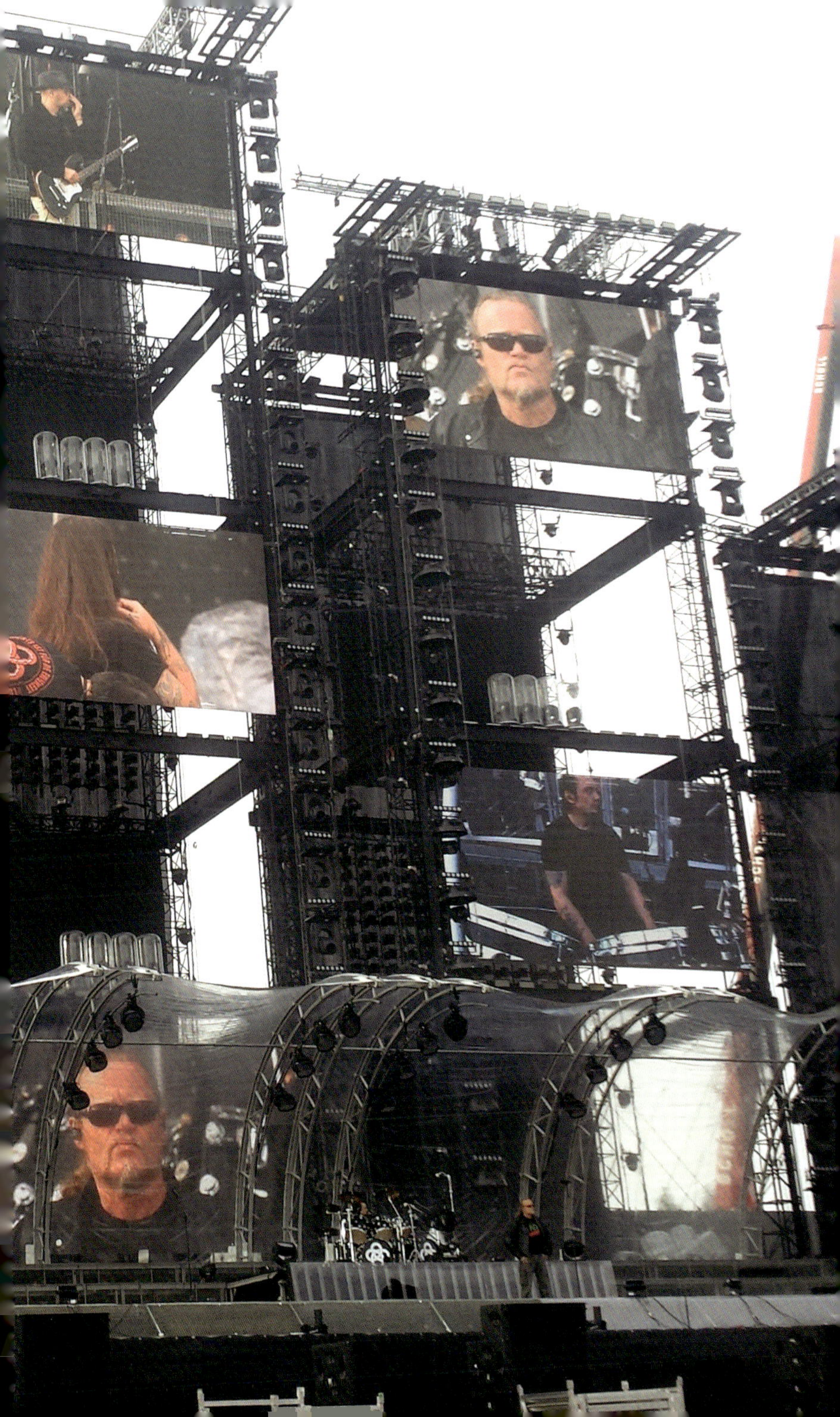

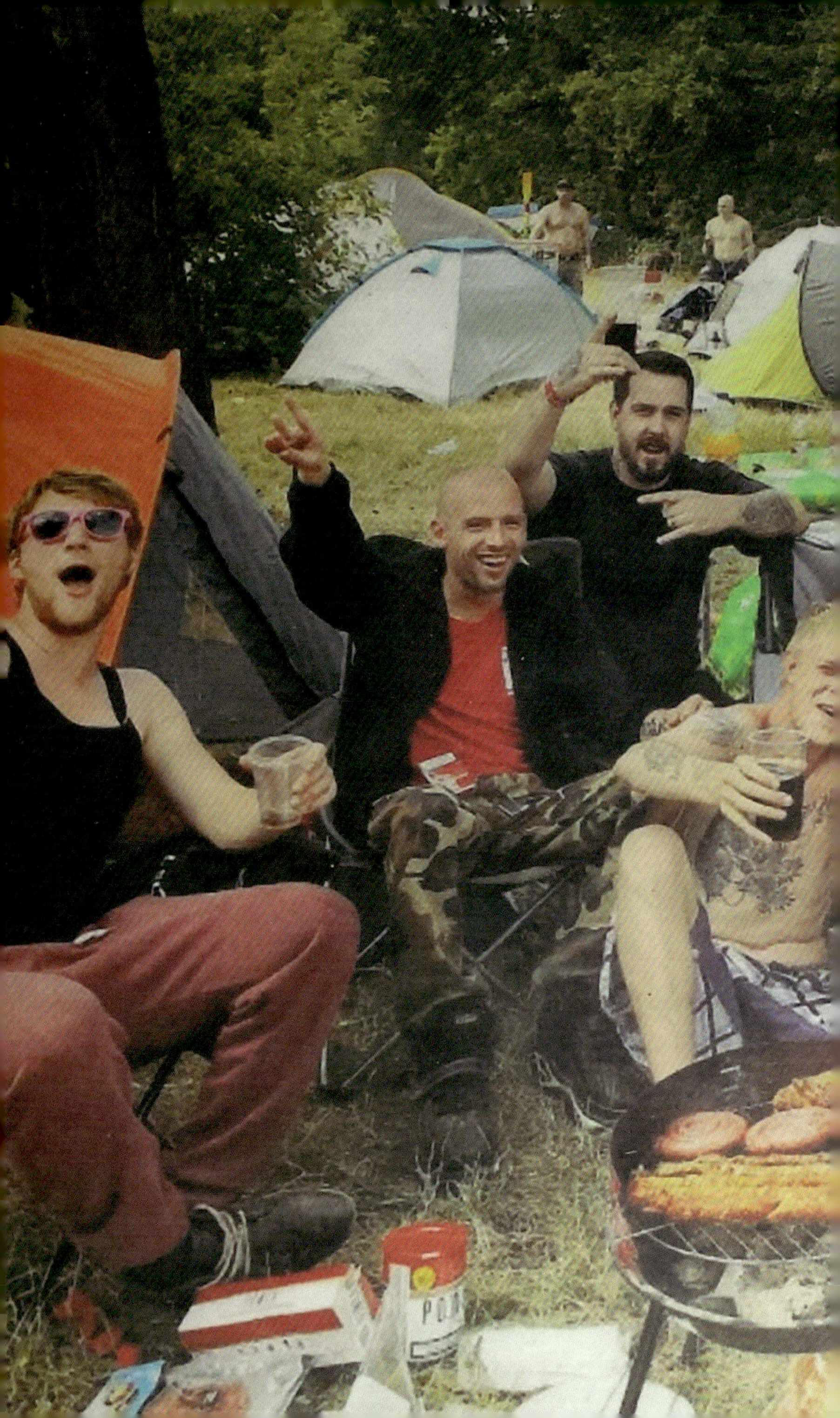

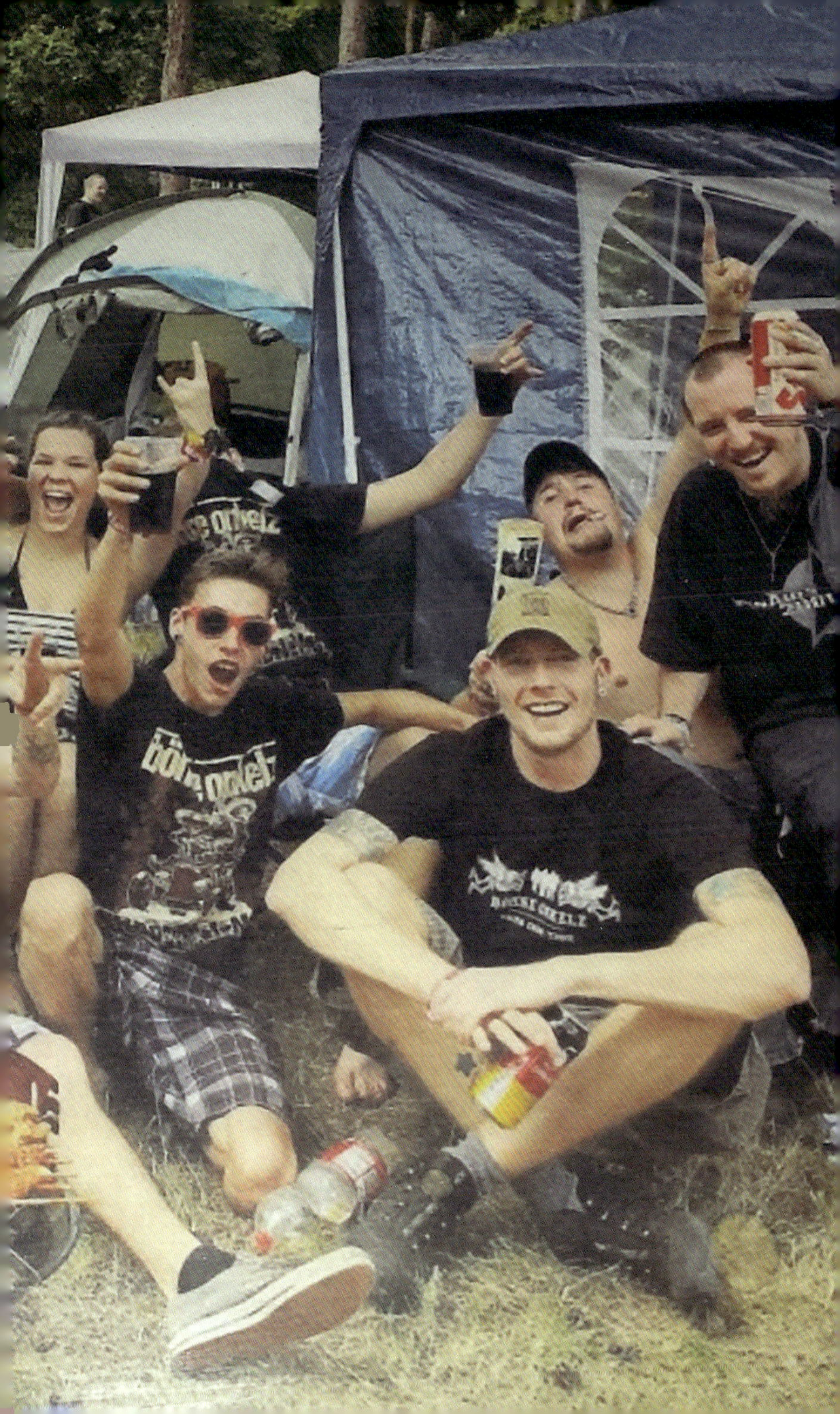

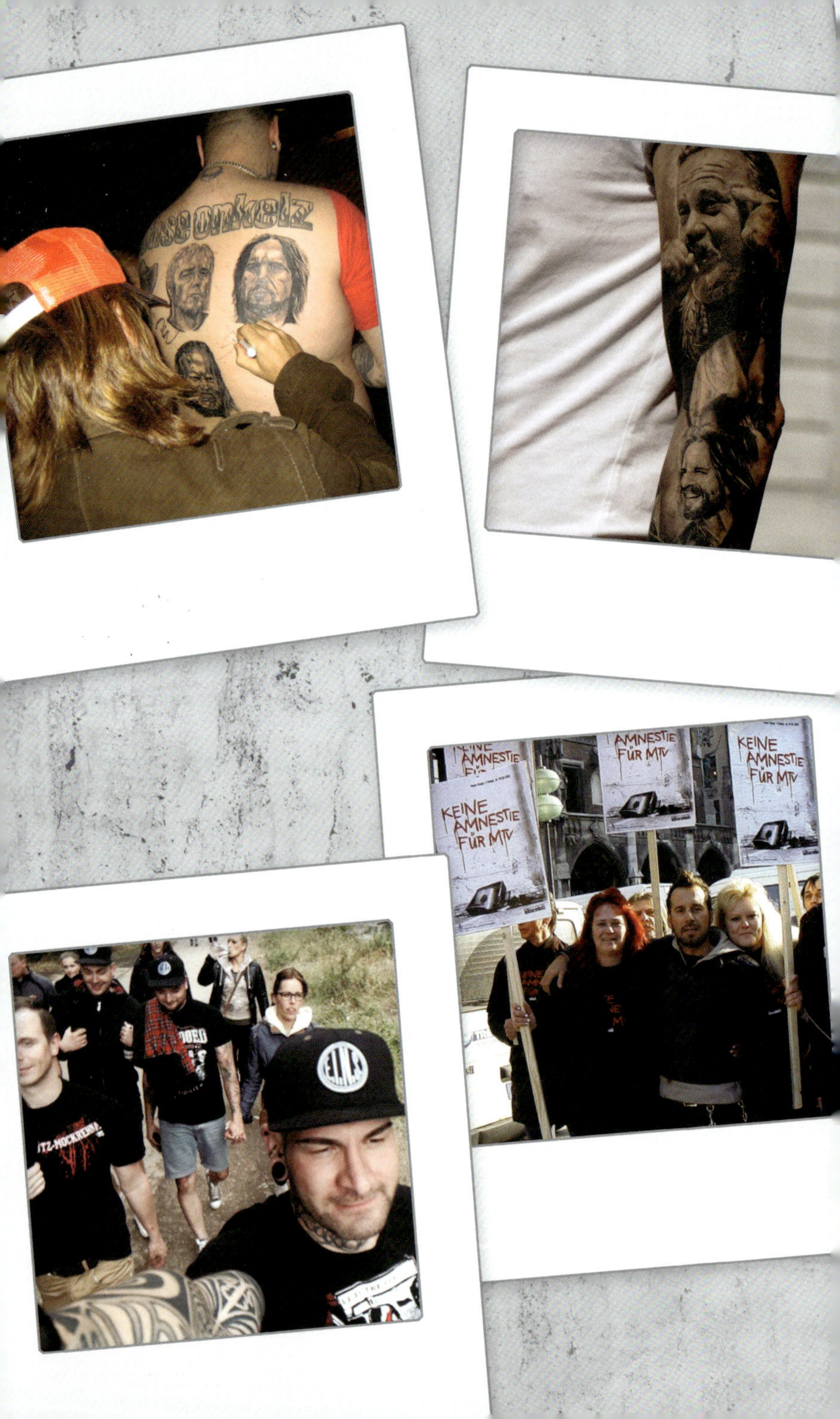
KEINE AMNESTIE FÜR MTV
AMNESTIE FÜR MTV
KEINE AMNESTIE FÜR MTV

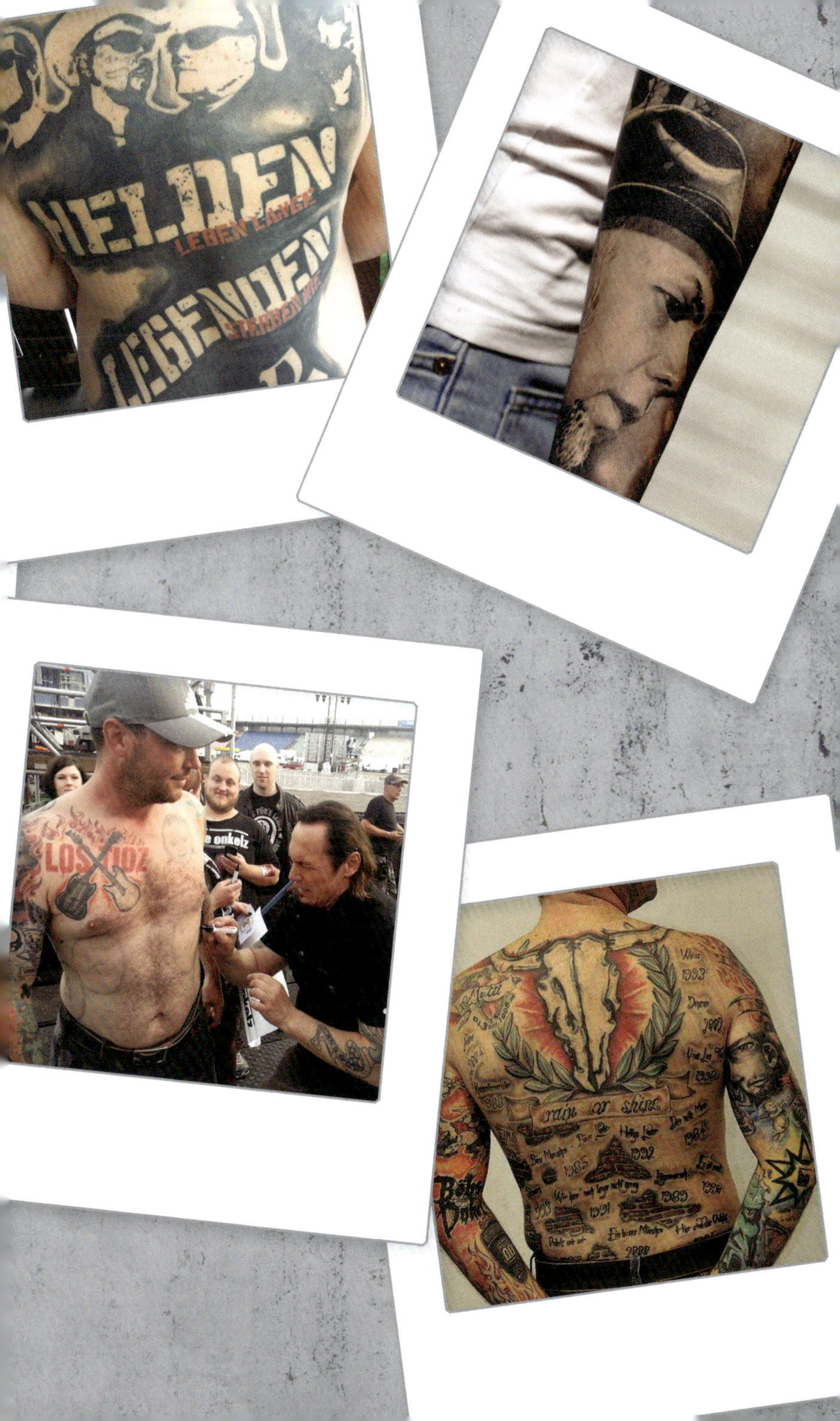
HELDEN
LEBEN LANGE
LEGENDEN
STERBEN NIE
rain or shine

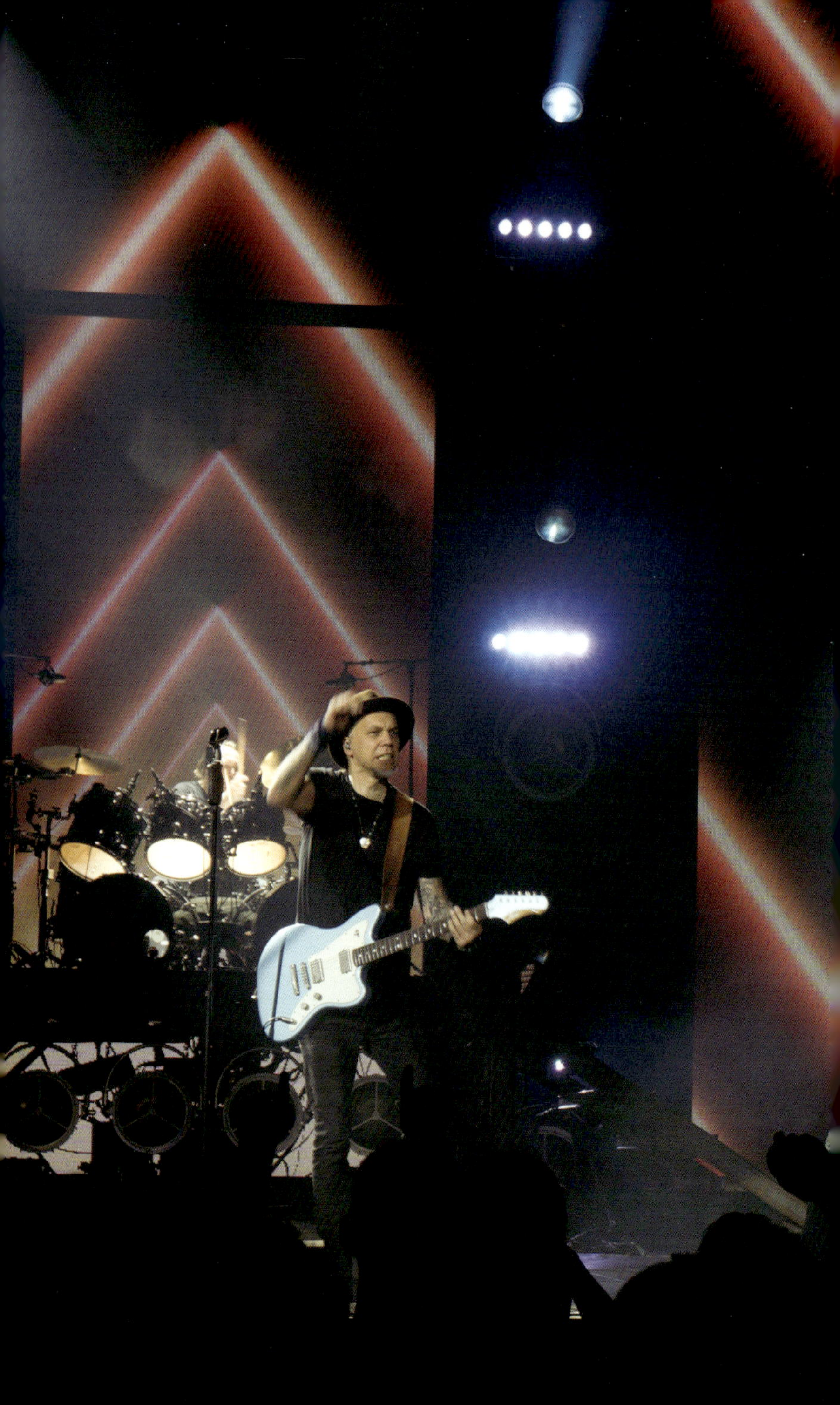

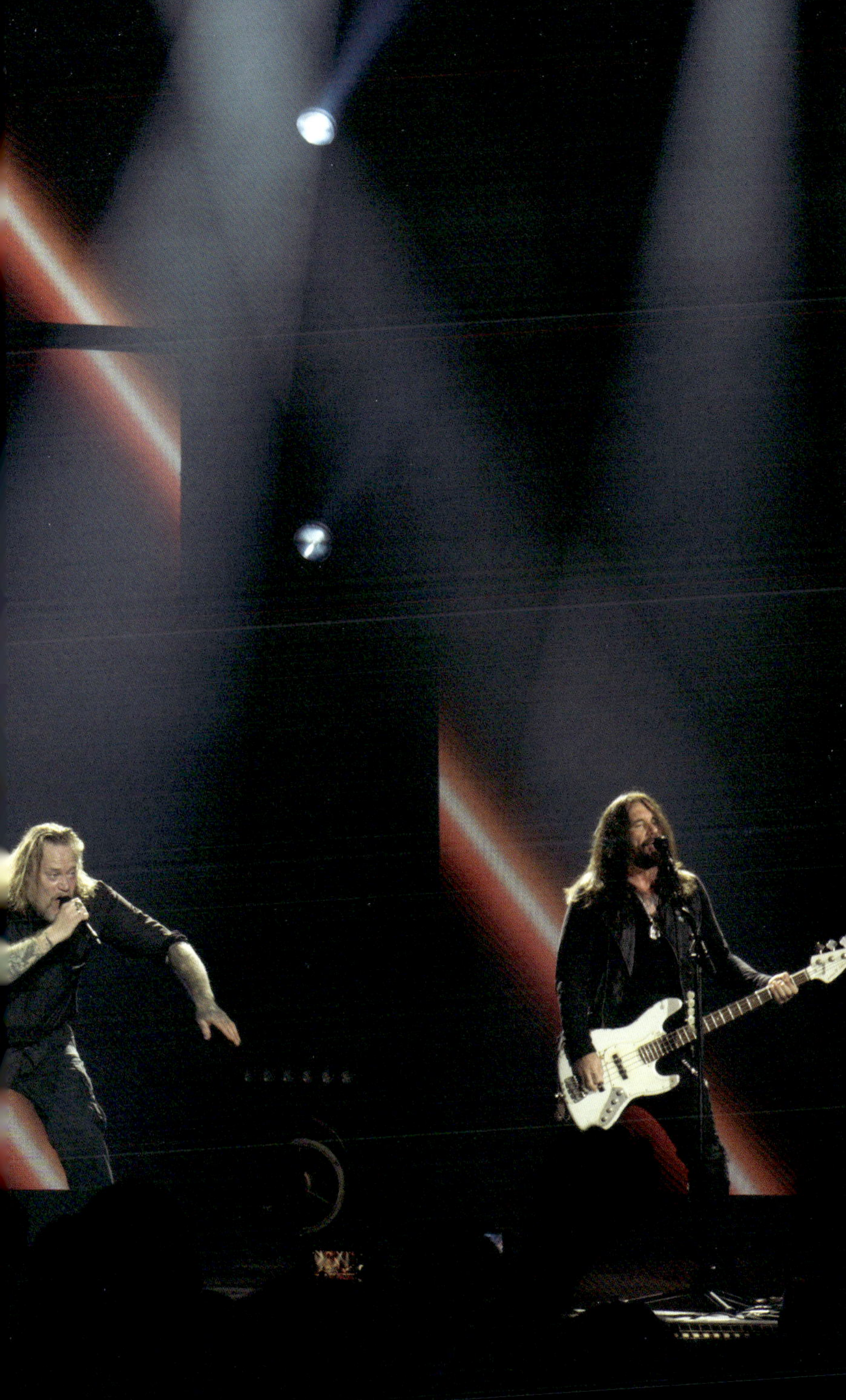

MATT GINZO
BLUES

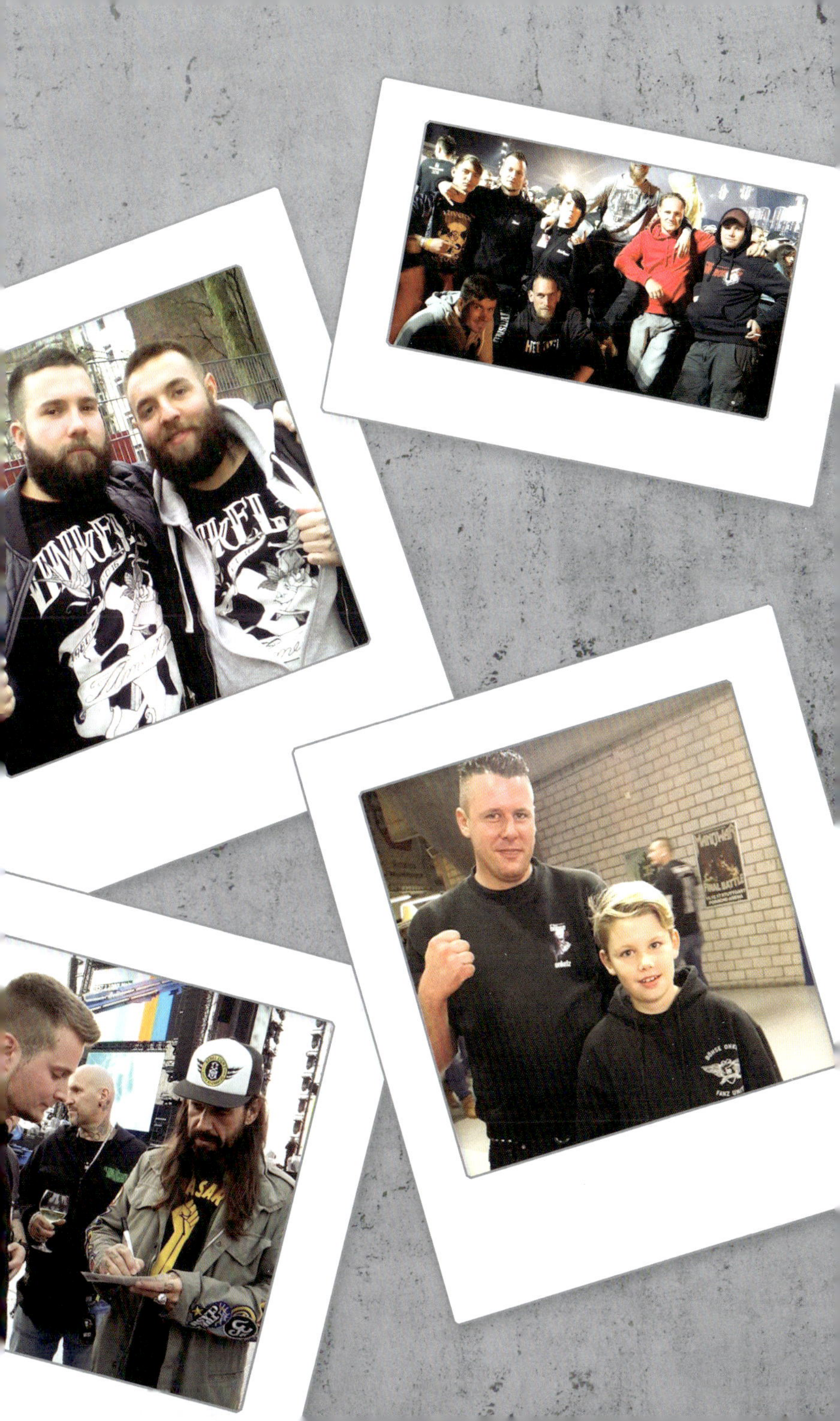

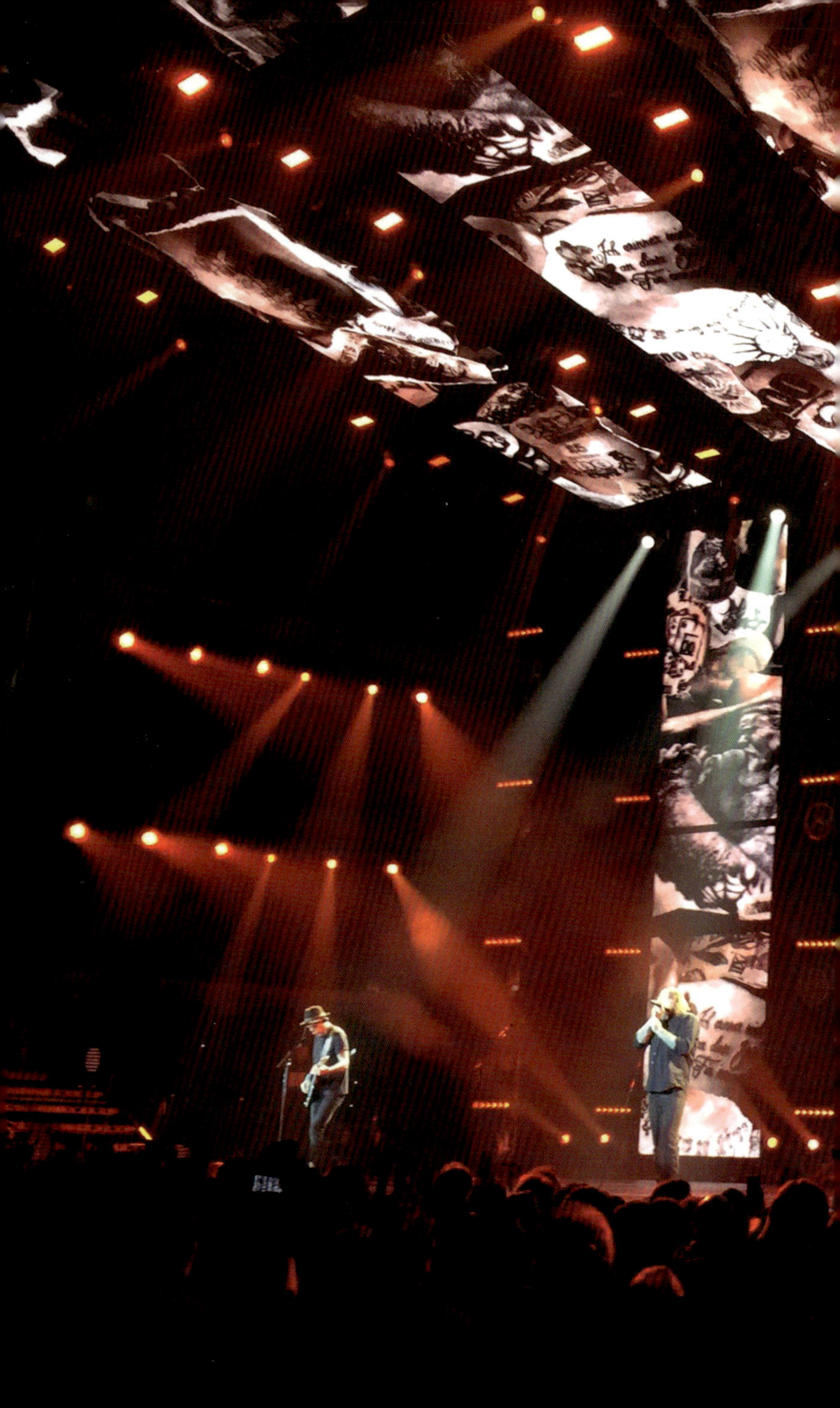

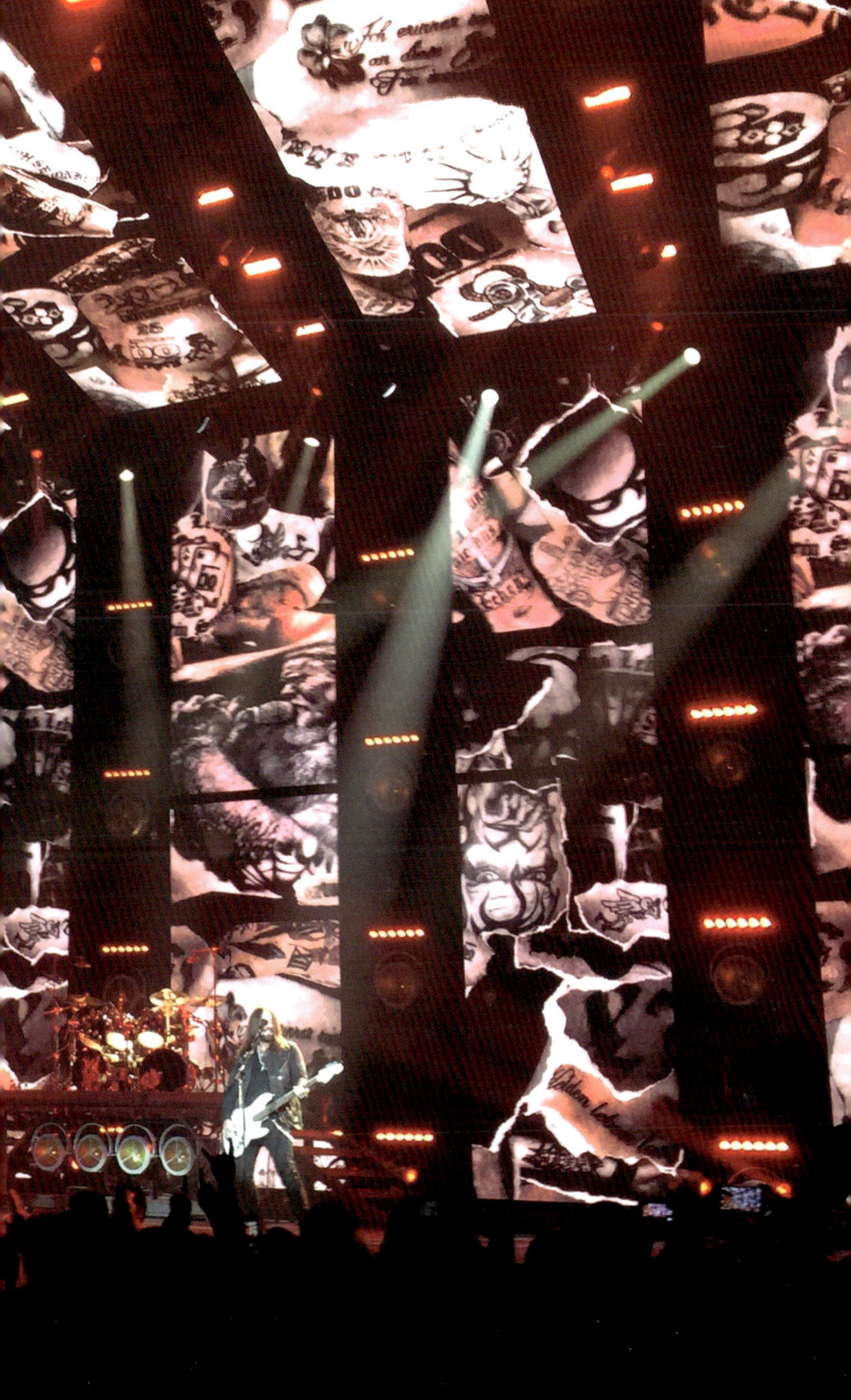

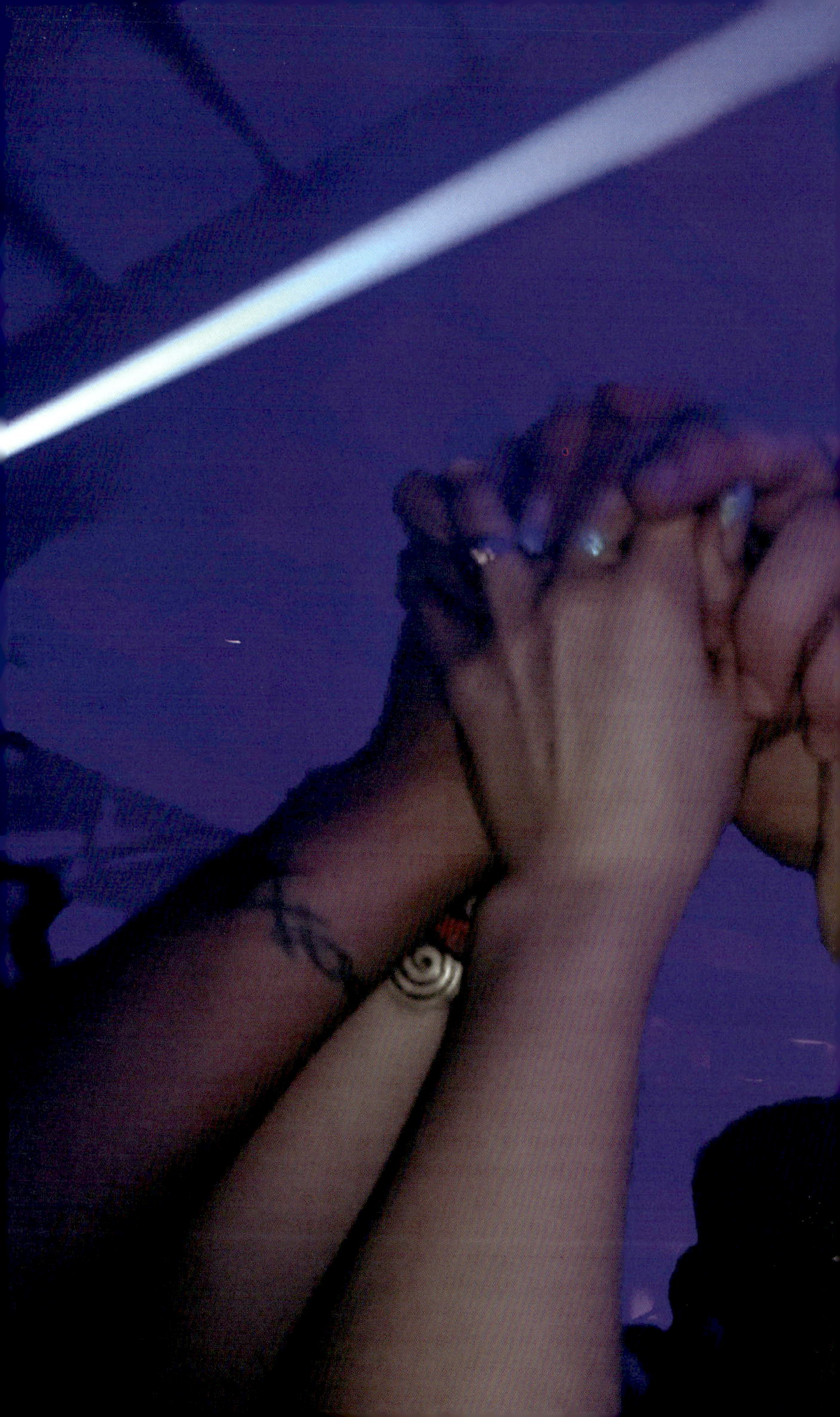

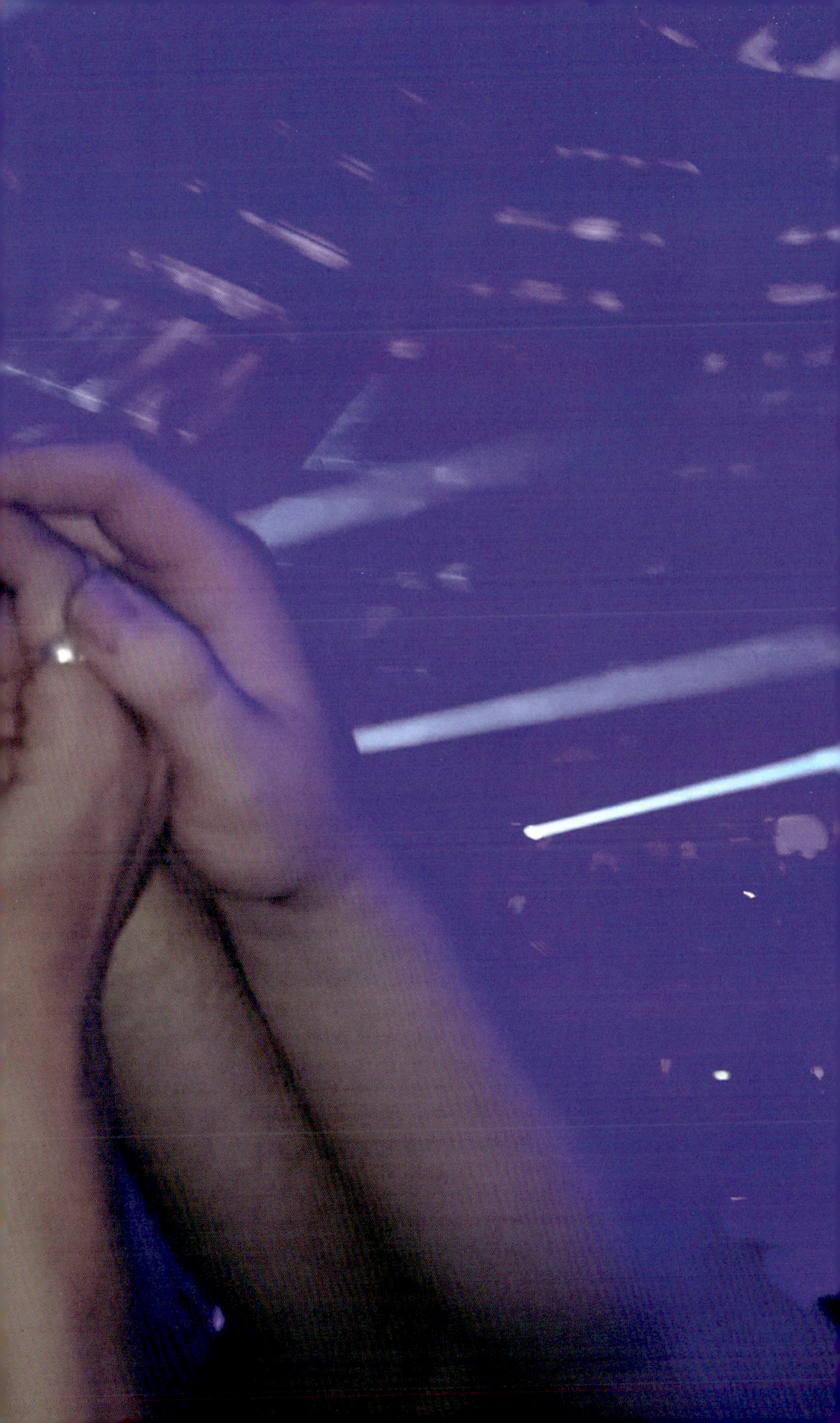

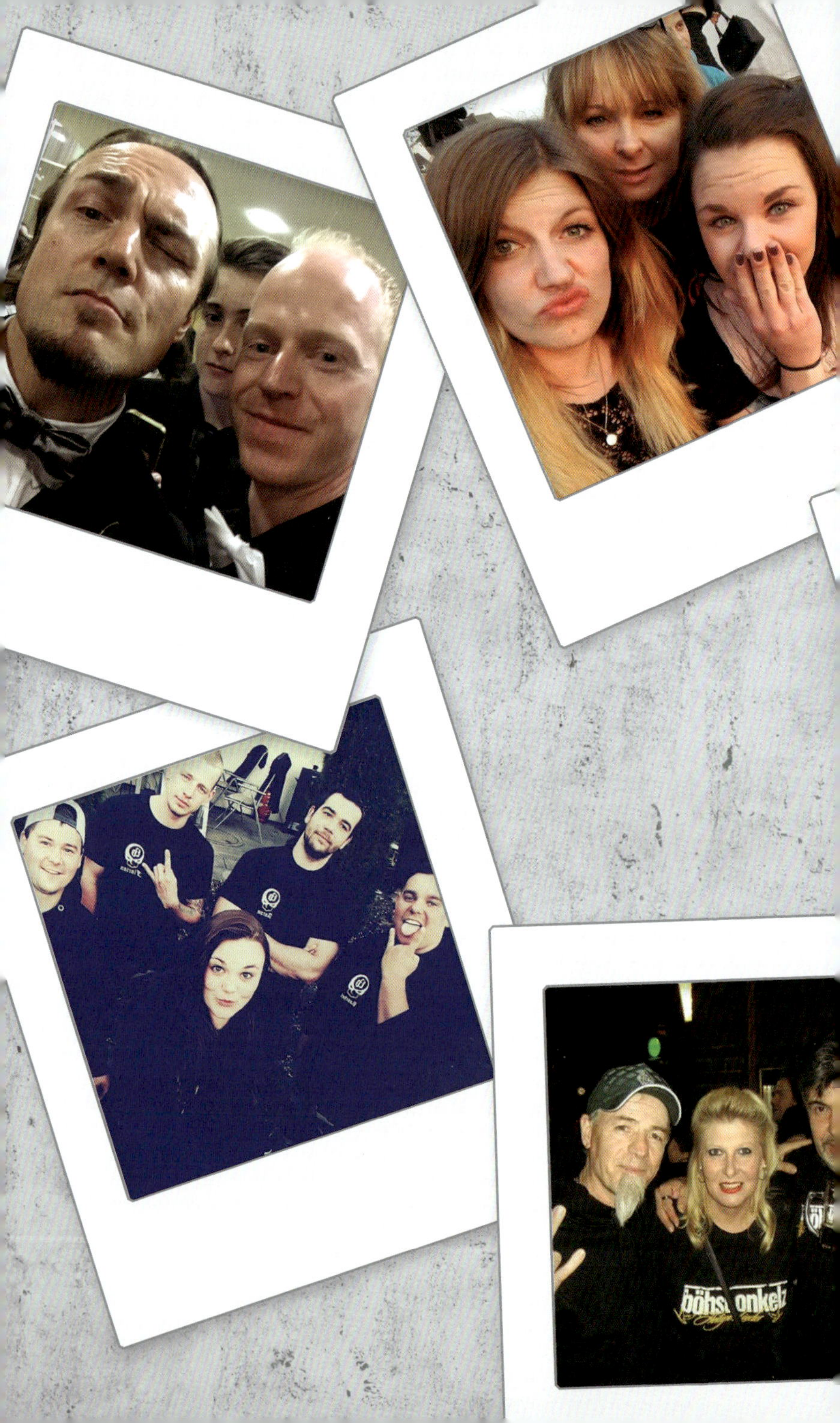
böhs onkelz

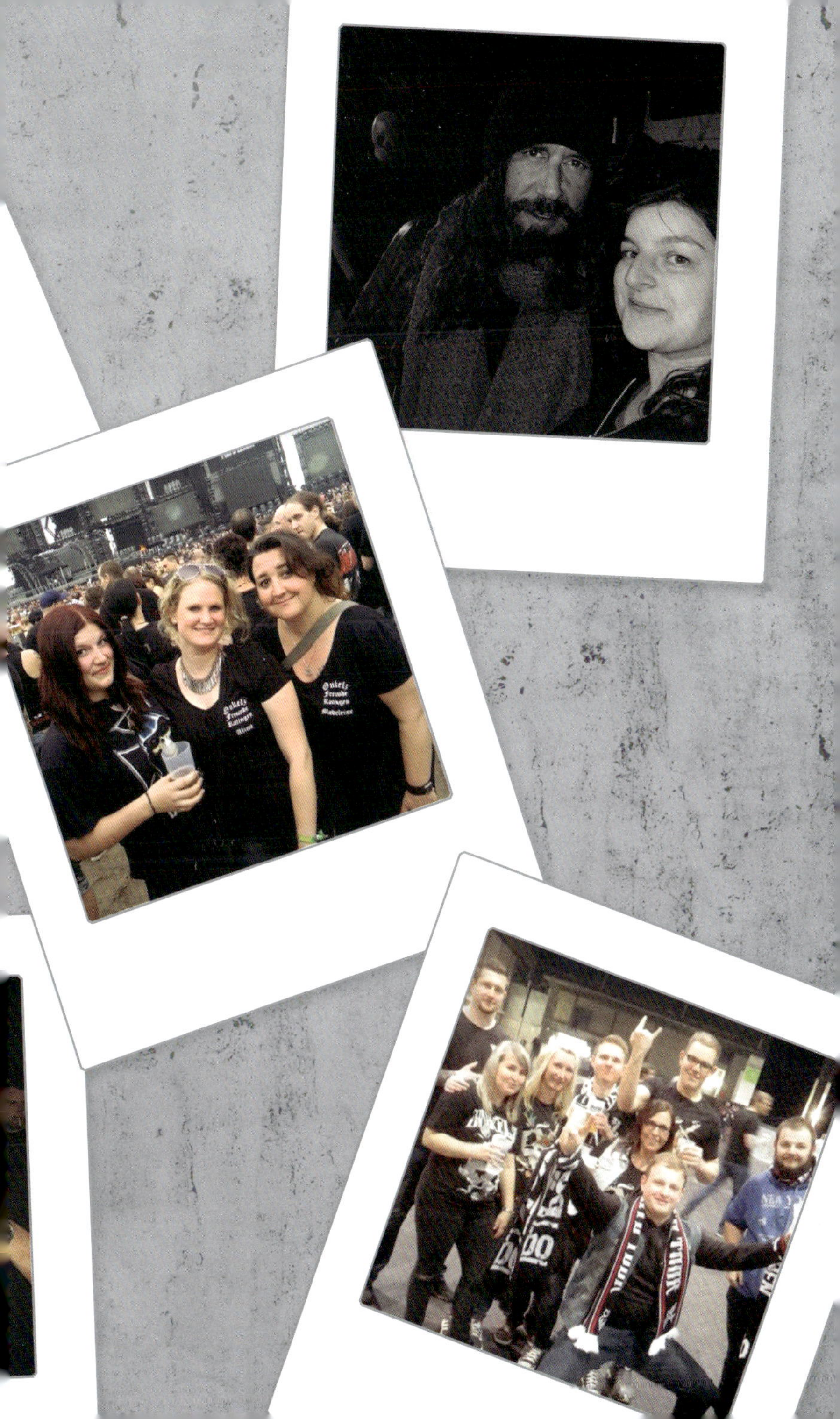

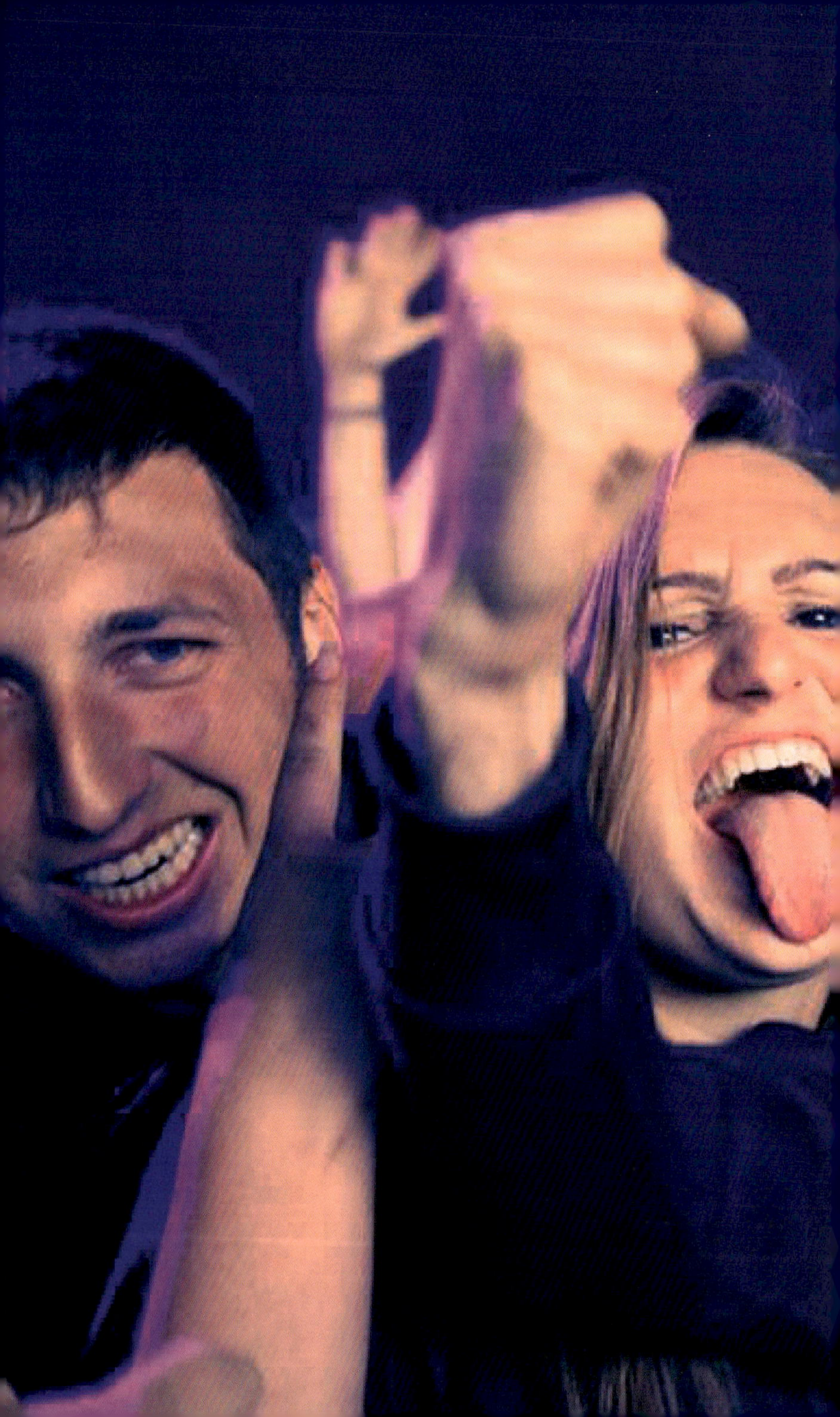

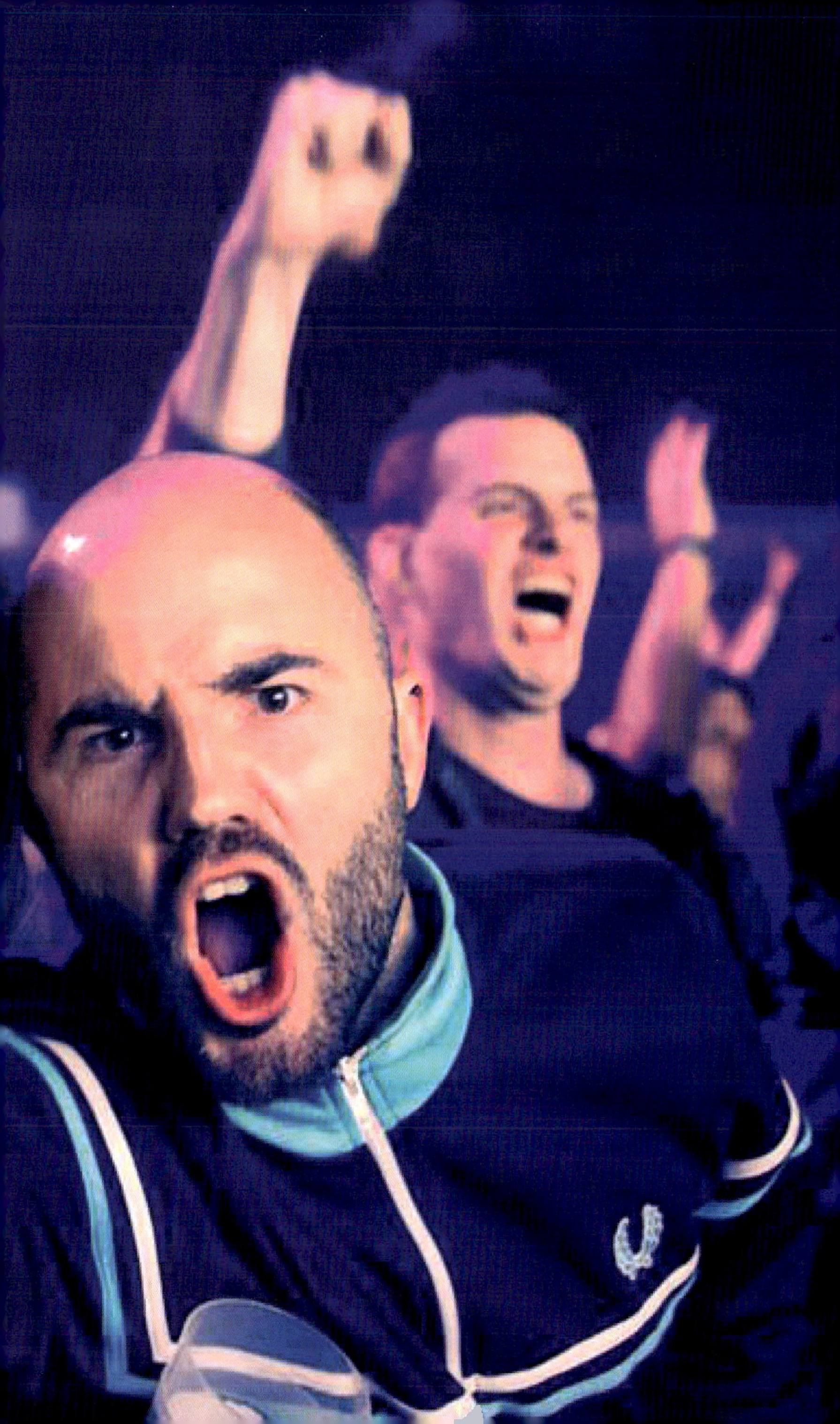

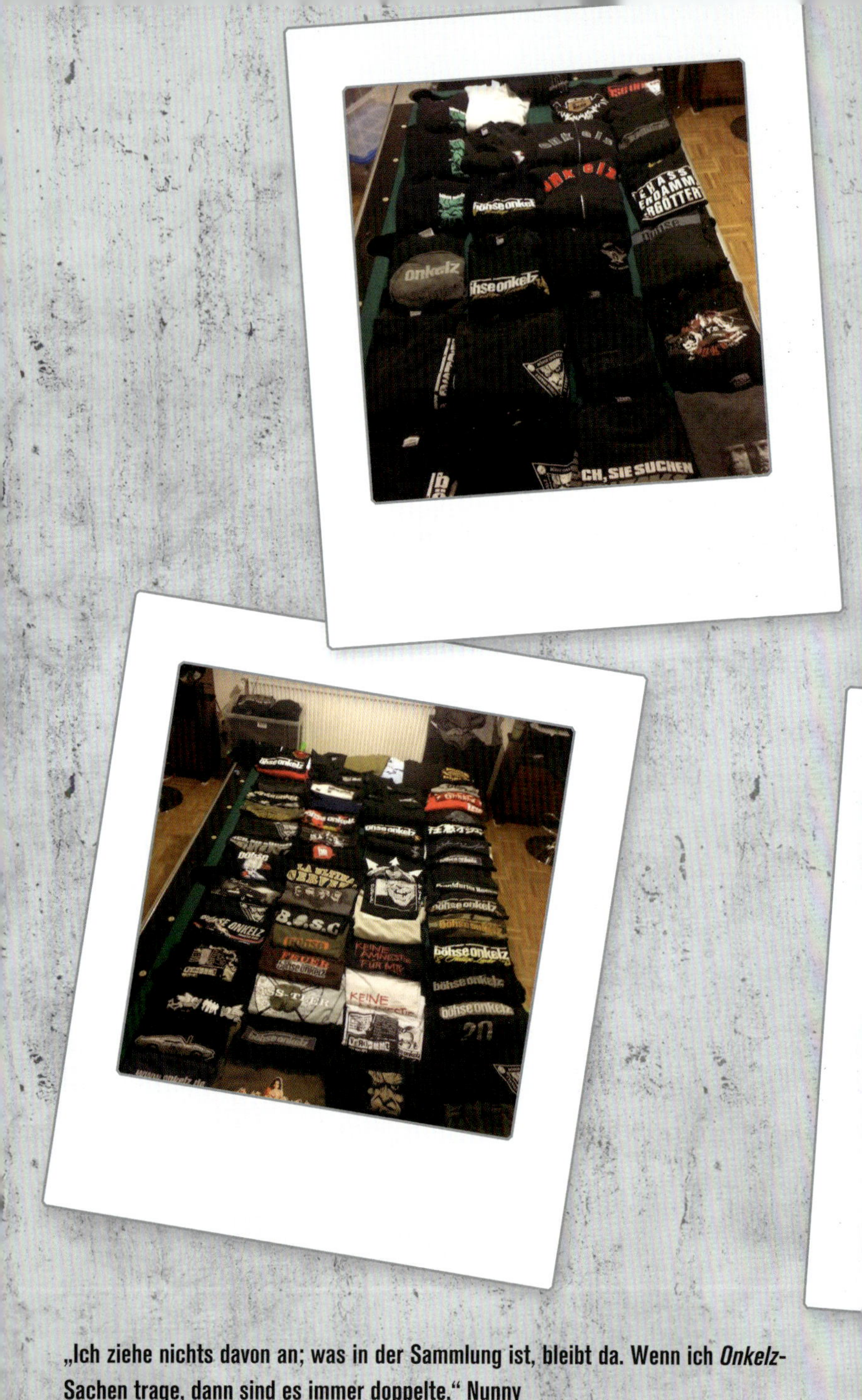

„Ich ziehe nichts davon an; was in der Sammlung ist, bleibt da. Wenn ich *Onkelz*-Sachen trage, dann sind es immer doppelte.“ Nunny

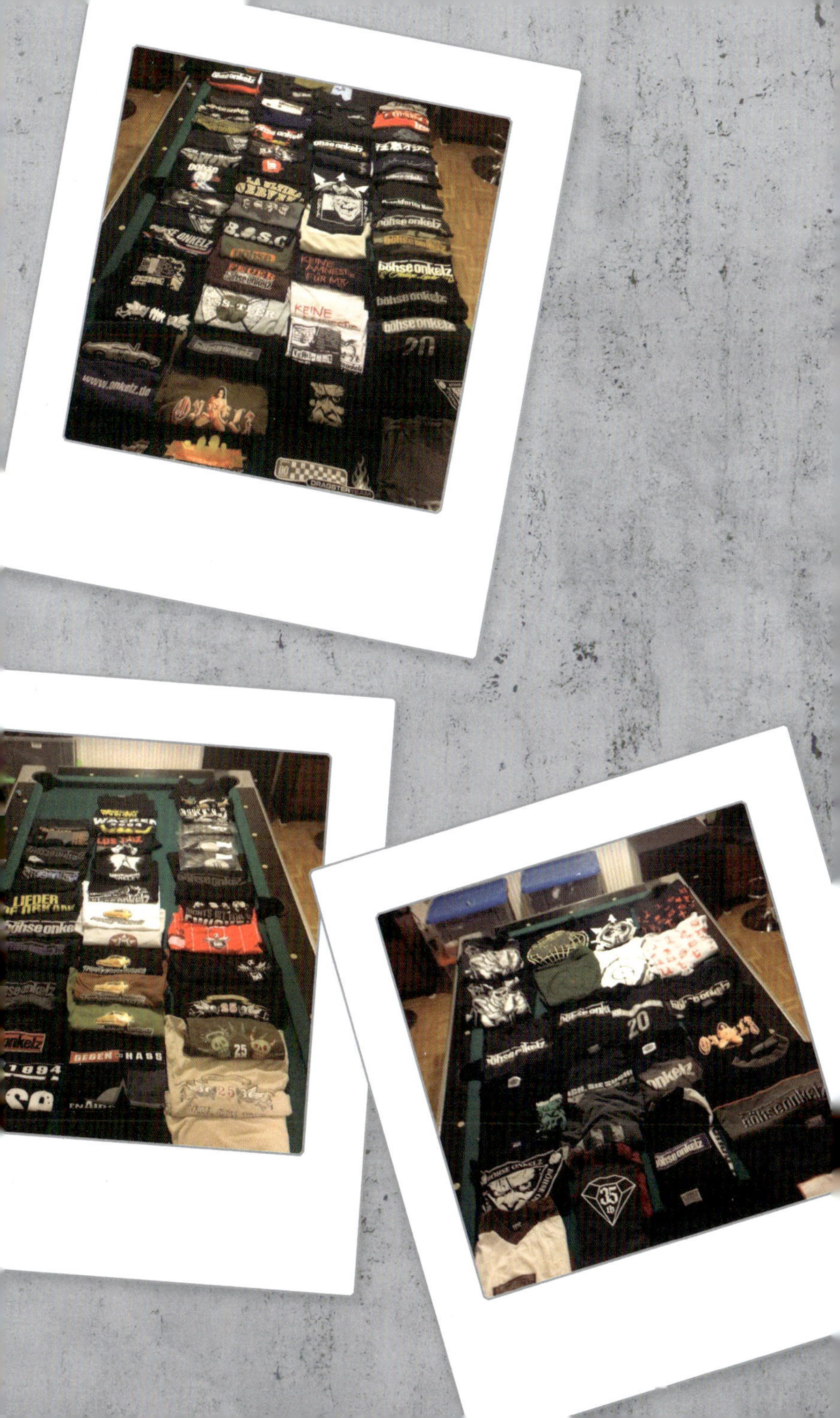

böhse onkelz
www.onkelz.de
DRAGSTER TEAM
GEGEN HASS

Alle Fotos habe ich von Fans zur Veröffentlichung in diesem Buch erhalten. Vielen Dank an Michael Andres, Sebastian Beck, Anna Corona, David Cosz, Nunny Dawinkichma, Sabrina Elisa, Jacki Henning, Danny Hoolt, Steve Hüneburg, Michael Kiessig, Jens Küpper, Marcus Liprecht, Marvin, Mike Paltian, Chris Pietzsch, Gaby Prack-Tinz, Jörg Rehfeld, Kerstin Sattler, Christian Schmidig, Wolfgang Steiner, Jan-Niklas Teschke, Bea Tibor, Katja Wohlwend, Sebastian Zeun und Michael Zobel.

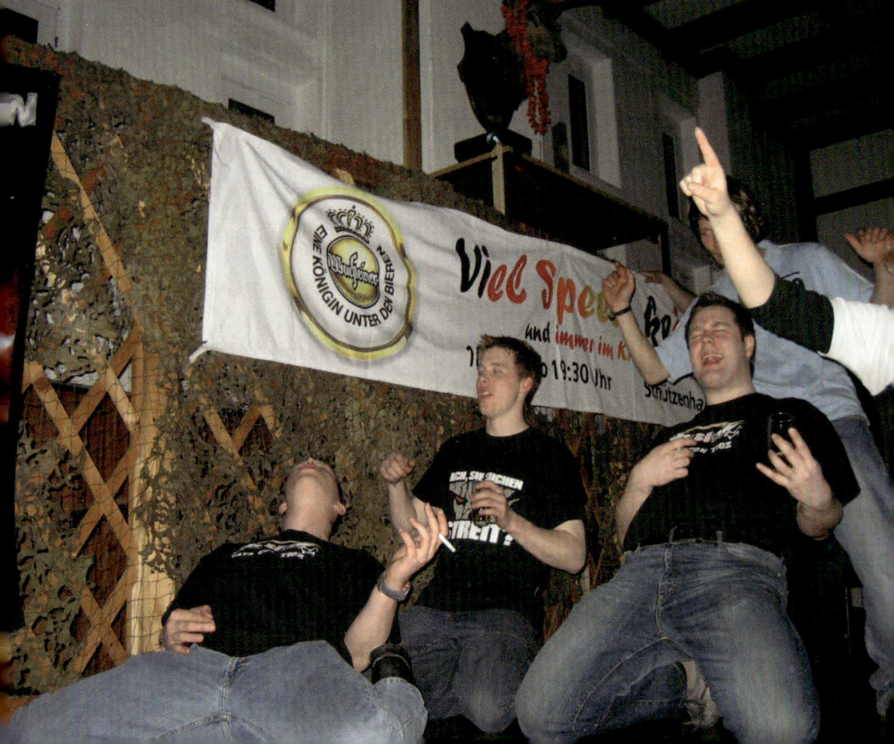

Wir sind der beste schlechte Einfluss,
den ihr haben könnt.

Stephan Weidner

Der Autor:

Klaus Farin, geboren 1958 in Gelsenkirchen, lebt seit 1980 – Punk sei Dank – in Berlin. Nach Tätigkeiten als Schülerzeitungsredakteur und Fanzine-Macher, Konzertveranstalter und -Security, Buchhändler und Journalist ist er heute freier Autor und Vortragsreisender in Schulen und Hochschulen, Jugendklubs und Justizvollzugsanstalten, Akademien und Unternehmen. Diverse Veröffentlichungen über Skinheads, Fußballfans, Gothics, Karl May und andere (zuletzt: *Frei. Wild.* Hirnkost 2016).

Von 1998 bis 2011 war Klaus Farin Leiter des auch von ihm gegründeten *Archiv der Jugendkulturen.* Heute ist er Vorsitzender der Stiftung *Respekt – Die Stiftung zur Förderung von jugendkultureller Vielfalt und Toleranz, Forschung und Bildung* (www.respekt-stiftung.de) und im Vorstand von *Aktion Courage e. V.,* dem Träger des Projektes „Schule ohne Rassismus" (www.schule-ohne-rassismus.org).

Das Motto seiner Arbeit: **„Wer sich auf die Realität einlässt, muss die beruhigende Eindeutigkeit aufgeben."**

Bei Interesse an einer Veranstaltung mit Klaus Farin senden Sie bitte eine E-Mail an: klaus.farin@hirnkost.de

Weitere Infos: www.klaus-farin.de.

Inhalt

Vorwort: „Onkelz hört man nicht, Onkelz lebt man.“

Vor 19 Jahren, im Herbst 1998, verschickte ich anlässlich der geplanten Veröffentlichung meines *Buch der Erinnerungen. Die Fans der Böhsen Onkelz* einen Aufruf an diverse Medien und kopierte und verteilte ihn ein paar tausend Mal bei *Onkelz*-Konzerten und -Partys, der *Onkelz*-Fans motivieren sollte, mir ihre persönliche *Onkelz*-Geschichte zu erzählen, warum es gerade diese Band war, die ihre Leidenschaft entfesselte hatte, wie ihre Umwelt darauf reagiert hatte. Parallel führte ich – schon seit 1990 – immer wieder Interviews mit *Onkelz*-Fans. Nachdem ich mich entschieden hatte, das 1999 erstveröffentlichte Werk nicht noch einmal nachzudrucken, sondern es komplett zu überarbeiten bzw. eigentlich ein neues Buch zu verfassen (immerhin war ja inzwischen Einiges passiert), lag es nahe, auch die Fan-Befragung zu wiederholen.

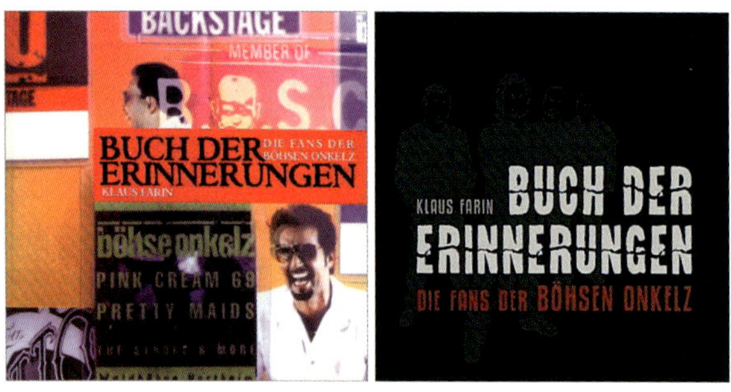

Abb. Buch der Erinnerungen Erstauflage und 8. Auflage

Heute ist das natürlich wesentlich einfacher durchzuführen. Statt über Monate hinweg durch die Republik zu reisen und Events zu besuchen, um dort Kontakte zu knüpfen und gedruckte Flyer zu verteilen, genügt es, den Aufruf wenige Wochen in möglichst viele *Onkelz-Facebook*-Gruppen zu posten und intensiv zu kommunizieren. Genau dies tat ich von Anfang März bis Mitte April 2017 mit Unterstützung zahlreicher engagierter *Onkelz*-Fans – und knapp 2.100 Fans beteiligten sich und füllten den Fragebogen online aus. (Wie viele Fans sich bei jeder einzelnen Frage beteiligten, wird im Folgenden immer angezeigt.) Dieser Band 2 meines neuen *Onkelz*-Werks, *Die Fans*, basiert auf dieser Studie und wird ergänzt durch weitere Zitate aus qualitativen Interviews und E-Mails bzw. eigene Beobachtungen, vor allem dort, wo die Befragung möglicherweise nicht erschöpfend und repräsentativ Auskunft geben kann.

„*Onkelz*-Fan zu sein ist für mich etwas ganz Besonderes, weil ich mich nie so wohl fühle wie im Umgang mit anderen *Onkelz*-Fans. Es ist so, als würdest du jemanden dein Leben lang kennen, wenn derjenige dir sagt, dass er *Onkelz* hört. Die *Onkelz* singen einfach das, was ihre Fans denken und fühlen, und das wirkt sich auch auf die Freundschaft zwischen den Fans aus, die nicht nur *Onkelz* hören, sondern fühlen. Außenstehende werden das nie verstehen. Die *Onkelz* waren immer Außenseiter, sie wurden gehasst, verspottet und gehetzt. Ihre Fans sind auch oft Leute, die nicht immer konform mit der heutigen Gesellschaft sind. Die *Onkelz* geben ihren Fans das Gefühl, nicht alleine zu sein im Kampf gegen den Rest der Welt. Die *Onkelz* sagen, was sie denken, und das tun ihre Fans meistens auch, ehrlich und geradeaus, auch wenn das manchmal ein ganz schöner Schlag in die

Fresse ist. *Onkelz*-Fans haben es echt nicht einfach, wenn sie sich in der Öffentlichkeit zu ihrer musikalischen Gesinnung bekennen. Meistens kommen Sprüche, von wegen Naziband oder so. Das ist auch wieder ein Grund, warum *Onkelz*-Fans so zusammenhalten. Entweder man liebt diese Musik oder man hasst sie, dazwischen gibt es nichts." – Dieses Statement eines *Böhse-Onkelz*-Fans beschreibt eigentlich schon alles, was die *Onkelz-Familie* ausmacht, und damit auch den Spannungsbogen dieses Buches. „*Onkelz* hört man nicht, *Onkelz* lebt man."

Berlin, den 6. Mai 2017

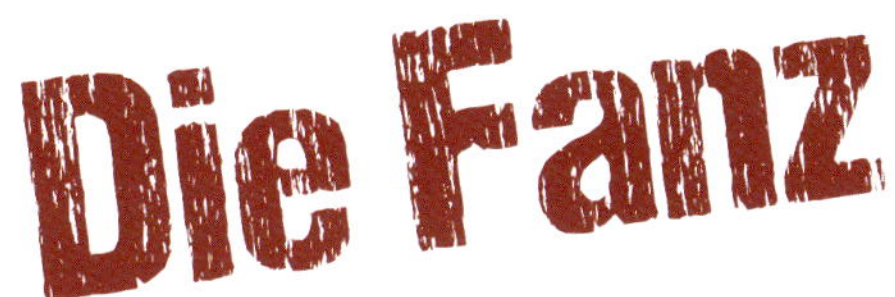

Die Fanz

Für viele *Onkelz*-Fans stehen die Band, aber auch das Fandom, im Mittelpunkt ihres Lebens. Wie Mitglieder in „normalen" Schützen- und Taubenzüchtervereinen oder christlichen Jugendverbänden widmen sie einen Großteil ihrer Freizeit und Leidenschaft der Band und deren Fans. Sie organisieren Partys und andere Fantreffen, schreiben Reviews für Fanzines, Blogs oder *Amazon* und kommunizieren täglich via *Facebook* mit anderen Fans. So existieren derzeit 470 *Böhse-Onkelz-Facebook*-Gruppen mit mindestens 10 Mitgliedern. Manche haben ganz praktische Funktionen – zum Beispiel die Organisation von Mitfahrgelegenheiten zu Konzerten und Festivals –, die meisten aber sind soziale Netzwerke im ursprünglichen Sinn. Sie dienen der Kommunikation, dem Austausch über aktuelle Ereignisse, dem Kennenlernen von gleich gestimmten Menschen (erst virtuell, später im realen Leben beim Konzert, Fan-Stammtisch etc.). Manche Gruppen starten in den Tag, indem Dutzende ihrer Mitglieder mehr oder weniger originelle Fotos und Videos ihrer Lieblingsband als Morgengruß an alle posten. Manche Gruppen, wie etwa die besonders quirlige vom *Onkelz Freundeskreis Ratingen Düsseldorf Deutschland und der Rest der Welt*, kommen so schon vor acht Uhr morgens auf zwei Dutzend oder mehr Postings. Die größten (Stand: April 2017) sind die Gruppen *Böhse Onkelz* mit 27.772 Mitgliedern, *Böhse Onkelz – 1.000.000 Mitglieder bis ende 2011* (17.925 Mitglieder), *Böhse Onkelz ....Gehasst.....Verdammt....*

Vergöttert (16.469 Mitglieder), *E.I.N.S. 2014 – böhse onkelz* (15.311 Mitglieder), *Böhse Onkelz Ticketbörse* (12.455 Mitglieder), *Böhse Onkelz - Wir sind wieder da* (10.070 Mitglieder), *Onkelz Freundeskreis Ratingen Düsseldorf Deutschland und der Rest der Welt* (8.158 Mitglieder), *Böhse Onkelz – Karten von Fanz für Fanz!* (6.647 Mitglieder), *Böhse Onkelz Fanz 1.0* (5.294 Mitglieder) und *Die Böhse Onkelz Familie* (4.985 Mitglieder). Außerdem gibt es 286 weitere *Onkelz*-Fanseiten; die mit der größten Reichweite sind *Ich wette,dass ich immer noch 500 000 BÖHSE Onkelz-Fans finde* mit 204.788 Likes, *Böhse Onkelz Fanpage* mit 76.280 Likes, *G.O.N.D. - Den Onkelz sei ein Fest* mit 70.797 Likes, *Böhse Onkelz Zitate* mit 54.839 Likes, *Böhse Onkelz 2017 Hockenheim* mit 38.558 Likes, *böse menschen, böse lieder, böhse onkelz - immer wieder..* mit 36.184 Likes. Nicht alle sind gegenwärtig noch sehr aktiv, aber fast jede Woche gehen neue Gruppen und Seiten an den Start. Die offizielle *Onkelz*-Präsenz auf *Facebook Böhse Onkelz (Offiziell)* hat 875.724 Likes. Wenn man die derzeit marktüblichen Hochrechnungen zugrunde legt, nach denen gut jede_r dritte über Vierzehnjährige in Deutschland *Facebook* nutzt, kommt man auf gut 2.000.000 *Böhse-Onkelz*-Fans.

Etwa 300 von diesen gehören zum ‚harten Kern' der *Onkelz*-Community. Sie sind nicht einfach nur Fans, sondern *Supporter*, investieren täglich mehrere Stunden in ihre Leidenschaft, betreuen als Admins mindestens eine *Facebook*-Gruppe, sind Mitglied in einem Dutzend weiterer; sie nehmen durchschnittlich einmal pro Monat an einem *Onkelz*-Fantreffen teil und organisieren diese oft auch mit. Wenn Konzerte oder Festivals in anderen Regionen anstehen, organisieren sie Fahrgemeinschaften oder – bei größeren regionalen Fangruppen – den Druck eigener T-Shirts für die eigene Truppe.

Fast alle diese Fan-Aktivitäten finden unabhängig von der

Band statt und offenbar zumeist auch jenseits ihrer Wahrnehmung. Die Musiker bezahlen zwar Mitarbeiter, die die Online-Aktivitäten zur Band regelmäßig checken, sind aber selbst bezüglich der Sozialen Netzwerke eher abstinent und sehr kritisch eingestellt. So wirken auch ihre persönlichen *Facebook*-Seiten nicht so, als würden sie diese selbst öfter besuchen. Gonzo hat seine *Facebook*-Seite im Mai 2017 sogar ganz aufgegeben. Nur wenn irgendwo im Netz Urheberrechtsverletzungen auftauchen, sind ihre Anwälte schnell zur Stelle und verschicken Abmahnungen, die die Empfänger mitunter mehrere tausend Euro kosten können.

Obwohl der *Heilige Bund* zwischen der Band und ihren Fans ein bedeutender, in zahlreichen Liedern besungener Identitätsfaktor der *Onkelz*-Familie ist, schotten sich die Musiker auch gegenüber ihren eifrigsten Fans energisch ab. Meet & Greets, wie sie andere Deutschrockbands regelmäßig veranstalten, finden bei den *Onkelz* nur selten statt; wird doch einmal die Teilnahme eines *Onkelz* an einer Party oder einem Fan-Fußballturnier angekündigt, löst das gleich so sensationelle Begeisterung aus, dass sofort tausende Fans noch schnell Karten zu bekommen versuchen. So bleibt der direkte Kontakt zwischen den Fans und ihren Göttern auf das kurze Abklatschen im Bühnengraben nach den Konzerten oder kurze Signiermomente beschränkt. Selbst manche der bekanntesten Aktivist_innen aus dem Kern der Fanszene hatten noch nie die Chance, einmal mit den *Onkelz* mehrere Minuten persönlich zu reden.

Beispielhaft für das zahlreiche Engagement der Fans und ihre Erfahrungen mit der Band habe ich die drei Macher der *Facebook*-Seite *Böhse Onkelz Original Merchandising und Info Seite* sowie der Homepage www.bo-merch.de gebeten, einen kurzen Text über ihre Arbeit zu verfassen.

Die Entstehung der www.bo-merch.de

Wir schreiben das Jahr 2014, die *Onkelz* hatten gerade ihr Comeback gefeiert, was bis zu diesem Zeitpunkt keiner, der nur einen Hauch einer Ahnung hatte, für möglich gehalten hat. Natürlich wurde auch bei *Facebook* von heute auf morgen die Welt auf den Kopf gestellt. Die *Onkelz*-Szene lebte wieder, als ob sie nie weg war! Es sprossen aus allen Ecken der Republik *Onkelz*-Gruppen hervor. So auch eine Gruppe, die sich mit den Tonträgern der *Onkelz* beschäftigte. Dort ging es hauptsächlich um die bei den Fans beliebten Bootlegs! Schnell fand man Gleichgesinnte, und so lernten wir uns kennen. Sven (Svenner), Kai (Onkel Kai) und Kai (Eisi). Am Anfang war der Kontakt wirklich spärlich, vor allem Onkel Kai und Eisi konnten sich nicht gleich riechen, was aber nicht so bleiben sollte. Nach monatelangem Beschnuppern und Austauschen merkte man schnell, dass man auf einer Wellenlänge schwamm. Eines Abends, wieder mal in einem der unzähligen Chats, kam das Thema *Ebay* auf und die Erkenntnis, dass wohl jeder seit dem Comeback mit den *Onkelz* Geld verdienen möchte, was uns sehr erschreckt hat. Jemand, der sich nicht auskennt, wurde da gnadenlos abgezockt, da manche CDs weit mehr als 100 € erzielten, die in Wirklichkeit Schrott waren und nur was für Sammler sind. Natürlich kennt man als Sammler Orte und Leute, wo man solche Sachen beziehen konnte, und so kam ich (Eisi) auf die Idee, selber die Dinger bei *Ebay* anzubieten. Natürlich zu einem Preis, den ich selbst bezahlt habe, sprich 15 € für eine Einzel-CD und 20 € für eine Doppel-CD! Es wurde immer der Hinweis in der Beschreibung gegeben, dass es sich nicht um eine Original-CD handelt und wer nicht weiß, was ein Bootleg ist, die Finger davon lassen sollte. Zwischenzeitlich war Svenner noch Betreiber eines *Onkelz*-Flohmarktes im *Facebook*, der auch Bootlegs zugelassen hatte. Es kam, was kommen musste: Svenner bekam Post aus Hamburg, dem Sitz der Anwälte der *Onkelz*, und er wurde aufgefordert, die Gruppe sofort zu schließen und eine Strafe wegen Urheberrechtsverletzung zu bezahlen, die weit in die Tausende ging. Obwohl Onkel Kai und Eisi es ahnten, dass auch sie irgendwann dran sein würden, machten sie weiter, da sie geblendet waren durch den Hass auf die Leute, welche die Fans ihrer Helden so gnadenlos abzockten. Im April 2015 erhielten auch Onkel Kai und Eisi Post und durften wie Svenner eine hohe Geldstrafe zahlen! Onkel Kai und Eisi jeweils knapp 2.000 Euro, beim Sven noch mehr … – obwohl wir nur die doppelten CDs zum Selbstkostenpreis für 'nen schmalen Taler weitergegeben hatten. Unwissenheit schützt eben vor Strafe nicht! Man wollte sogar auf Biegen und Brechen Namen von uns, die wir aber nicht geben KONNTEN und wollten, da das doppelte Material aus Paketen, Flohmarktkäufen und Musikbörsen stammte und man sich dort nicht über Namen unterhält. Auch mussten wir die Vernichtung des Restmaterials anhand von Fotos nachweisen.

Das gemeinsame Schicksal schweißte uns noch mehr zusammen! Es verging ein halbes Jahr und man merkte wieder mal, dass viele Fans gar nicht wissen, was die *Onkelz* jemals an Merchartikeln oder Tonträgern offiziell herausgebracht haben. Da wir ja auch Sammler der Merchartikel sind, gründeten wir die www.bo-merch.de. Am Anfang erst nur bei FB, später entschlossen wir uns zu einer eigenen Homepage, weil man einfach da die Sachen besser katalogisieren kann. Uns war am Anfang nicht bewusst, was es alles gab, und so fand man auch heraus, dass einige Shirts in verschiedenen Auflagen erschienen sind, die sich erheblich vom Druck unterscheiden, sowie in einigen Sachen der alte B.O.S.C.-Schädel eingedruckt war – obwohl es zu diesem Zeitpunkt noch keinen B.O.S.C. gab. Also machten wir uns auf die Forschung danach. Leider wird uns diese Frage wohl nie richtig beantwortet werden, da man im Hause BO Offiziell anscheinend keinen Wert darauf legt, uns diese Frage zu beantworten. Im Gegenteil, eher wird sich von den Offiziellen darüber lustig gemacht mit Aussagen wie „Euer Ernst?!" Schade, was soll man dazu sagen. Nur zu gerne würden wir uns mal selber einen kurzen Kontakt mit der Band wünschen.

Uns wurden am Anfang auch von Seiten der Rechtsanwälte Steine in den Weg gelegt, da man sich sicher war, wir begehen weitere Urheberrechtsverletzungen mit der Seite. Umso erstaunter waren wir, als Onkel Kai von Pe eine Mail erhielt, wo er uns mitteilte, dass sie die Seite echt geil fänden und sie bei den Anwälten freigegeben haben. Seit dem Tag sind wir ständig bemüht, den Fans, die sich nicht so gut auskennen, einen Überblick zu verschaffen und ihnen Fragen zu beantworten, wofür BO einfach keine Zeit hat oder es selber nicht mehr wissen. Durch unsere Seite haben wir mittlerweile einen kleinen Kreis an Sammlern kennengelernt, die uns tatkräftig unterstützen und ohne die die Seite nicht das wäre, was sie ist: die größte und mit Abstand beste Ansammlung von Merchartikeln der *Böhsen Onkelz*!

Die ganze Geschichte nimmt ihren Lauf und wir sind immer noch da. Insgesamt weit mehr als 50 Jahre FAN-Dasein – Lebenseinstellung *Onkelz* –, das prägt und ist tatsächlich auch bei den vielen „nicht wirklich vorteilhaften" Neuerungen (neues BO-Team, neues Management, neues Label usw.) der *Onkelz* für uns kein Hindernis, uns weiter als Onkelz oder Neffen öffentlich darzustellen. Allein wegen der alten und

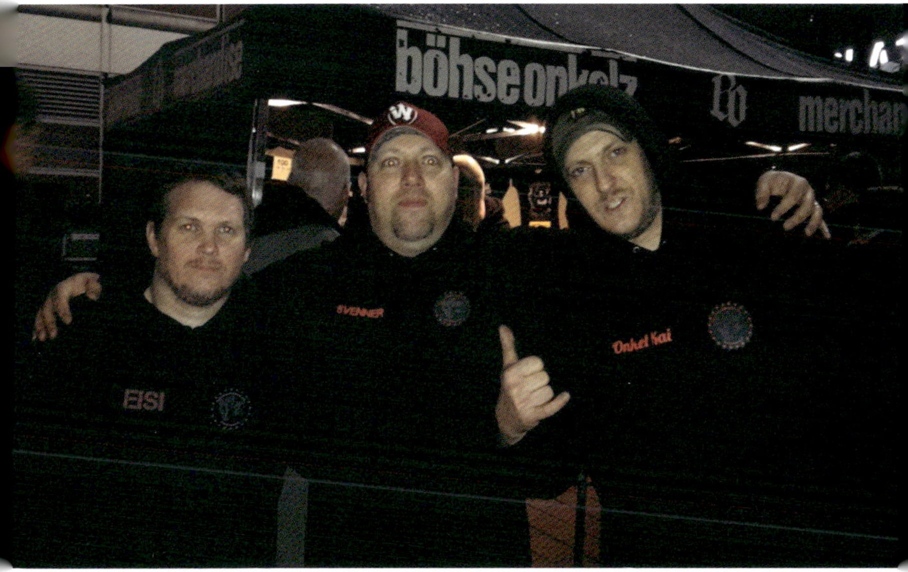
böhseonkelz
merchandise
SVENNER
Onkel Kai
EISI

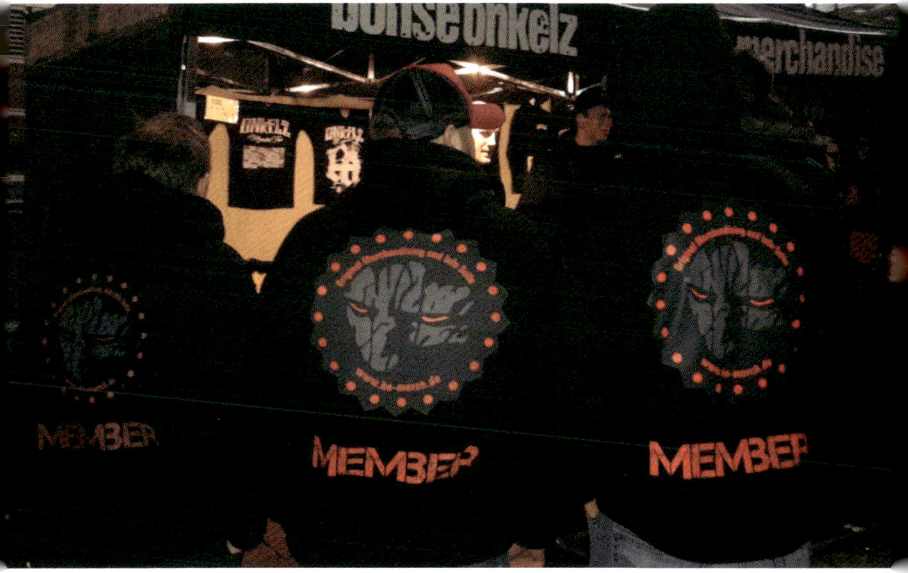
böhseonkelz
merchandise
MEMBER
MEMBER
MEMBER

neuen Kontakte, die man nun Social Media sei Dank täglich virtuell trifft, ist vieles doch einfacher als in den Anfangsjahren, wo man Postflyer mit News und Infos noch mühsam kopierte und doch nur wenige hundert Leute erreichte. Wir sind ein wirklich kreatives kleines Team, das sich quer über die Republik verteilt, und haben noch so manche Überraschung in der Zukunft für die Fanbase parat. Die *Onkelz*, ob aktiv oder nicht, schweißen uns weiter zusammen, und inzwischen glaube ich (Svenner), dass auch, wenn das endgültige Ende der Rock-Opas eingeläutet wird, unsere Freundschaft für die Ewigkeit Bestand hat!

Schade nur, dass man noch nicht persönlich die Möglichkeit hatte, sich mit den Jungs selber mal zu unterhalten, was sie von dieser Seite halten. Das wäre mal sehr interessant zu erfahren. Lediglich in Essen beim Klassik-Konzert ergab sich kurz die Möglichkeit auf ein paar Worte mit Pe und Gonzo. Natürlich dort nicht über die Merch-Seite.

Und so häufen sich unsere Ideen, was man so machen könnte, wenn man denn die passenden Möglichkeiten fände. Beispielsweise schwirrt uns die Idee eines *Onkelz*-Museums nach Art des Pop- und Rock-Museums im Kopf herum. Material ist genug vorhanden – vom Handtuch der *Onkelz* über Gitarre bis hin zu CDs, Vinyls usw. Oder auch eine Art Katalog (ähnlich eines *Otto*-Katalogs), in dem man so sieht, was es alles an Klamotten gab. Ideen haben wir reichlich, jedoch scheitert es entweder an den finanziellen Mitteln oder aber man bekommt von den Hamburgern wieder welche reingewürgt.

Schade. Na ja, man wird sehen, was noch kommt und was wir noch für Ideen haben. Mittlerweile werden wir sogar nach Autogrammkarten gefragt …

Gruß

K-S-K

Forever Youngs und Best Agers – *Onkelz*-Fans sind keine Jugendkultur

Nur jeder fünfte *Onkelz*-Fan ist U 25, zwei Drittel der Befragten sind zwischen 26 und 45 Jahren und jede_r Zwölfte ist sogar über fünfzig. Das ist zunächst auch naheliegend, denn die Musiker selbst haben zwar noch nicht das biblische Alter etwa der *Rolling Stones* erreicht, die die *Onkelz* 2003 schon einmal zum Entsetzen vieler Medien und Sponsoren als Support im Rahmen ihrer Deutschlandtournee engagiert hatten, sind aber doch schon zwischen 53 und 55 Jahre alt, also der Altersphase typischer Jugendidole definitiv entwachsen. Dass der Anteil jugendlicher Fans dennoch hoch ist und nach wie vor auch Tausende von 14-, 15-, 16-Jährigen zum *Onkelz*-Fandom dazustoßen, liegt vor allem daran, dass die Band immer noch eine Aura der Rebellion umgibt. Grund dafür ist nicht nur der besonders für Jüngere attraktive schlechte Ruf der Band, sondern auch ihre Genre-Zugehörigkeit. Während Jüngere bei älteren Mainstream-Rockstars, die heute immer noch live präsent sind – wie etwa die *Rolling Stones* –, oft zum Entsetzen ihrer Eltern keinerlei rebellische Momente mehr entdecken, gelten Heavy-Metal-Acts und ihre Fans pauschal immer noch als Outsider. Daher können sich selbst *Metallica*- oder *AC/DC*-Fans heute noch als jenseits des Mainstreams verorten, obwohl ihre Idole seit Jahrzehnten zu den Top-Stars der Rock-Unterhaltungsindustrie zählen und auch nur äußerst selten durch besonders provokative Songtexte und Interviews auf sich aufmerksam machen. Es wird sich kaum eine Schule in Deutschland finden lassen, an der zum Beispiel das Tragen von T-Shirts dieser Bands für den Fan unangenehme Folgen hätte. Das ist bei *Böhse-Onkelz*-Fans bis heute noch völlig anders, sodass das Selbstbild der *Onkelz*-Fans als Außenseiter und Underground sich im Alltag immer wieder bestätigt.

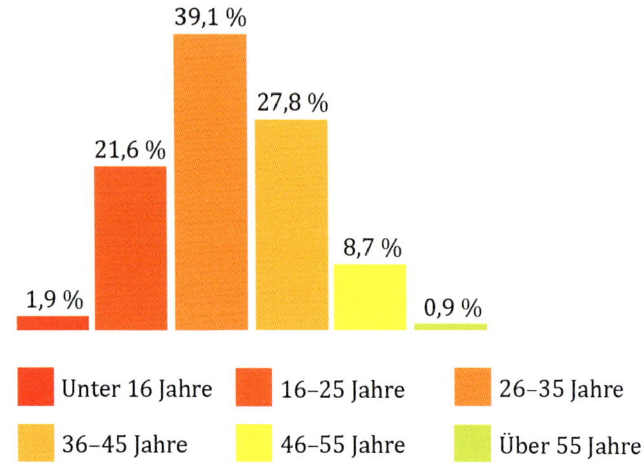

Abb. 1: Die Altersverteilung der Onkelz*-Fans (1.932 Antworten)*

Rockmusik generell und besonders die härteren Spielarten (Heavy Metal, Hardcore, Punk, Deutschrock etc.) sind üblicherweise Männerdomänen. Kein Wunder, sind auch die Musiker und Stars auf der Bühne zu neunzig Prozent männlich. Im Vergleich dazu ist der Anteil weiblicher Fans der *Böhsen Onkelz* erstaunlich hoch. Offenbar bieten die Texte der Band auch für Frauen relevante identifikatorische Anknüpfungspunkte.

Männliche und weibliche Fans

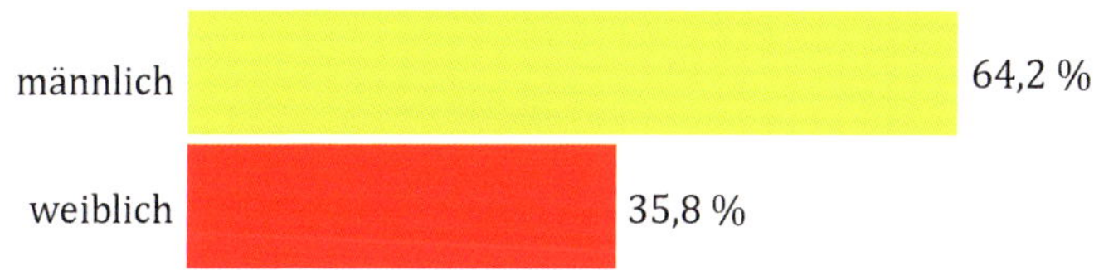

Abb. 2: Die Geschlechterverteilung der Onkelz-*Fans (2.048 Antworten)*

Landjugend und Ossis? Die regionale Herkunft der Fans

94 % der an der Befragung teilnehmenden *Onkelz*-Fans kommen aus Deutschland, 3,5 % aus Österreich, 1,8 % aus der Schweiz und 0,7 % aus anderen Ländern. Im Vergleich zu der tatsächlichen Bevölkerungsverteilung in Deutschland fällt auf, dass in der Stichprobe Baden-Württemberg und Bayern deutlich unterrepräsentiert sind, während Niedersachsen und Thüringen überrepräsentiert sind. Beliebte Klischees über *Onkelz*-Fans besagen, dass diese sich überwiegend aus der Landjugend rekrutieren und im Osten Deutschlands tummeln. (Letzteres im Einklang mit der Vermutung, *Onkelz*-Fans seien zu großen Teil „rechts".) Die erste Vermutung scheint sich auch in der Studie zu bestätigen: Die Stadtstaaten Hamburg, Bremen und vor allem Berlin sind allesamt unterrepräsentiert. Für die neuen Bundesländer sieht das Ergebnis allerdings widersprüchlicher aus. Jeder fünfte *Onkelz*-Fan wohnt in Nordrhein-Westfalen.

In welchem Bundesland lebst Du?

	Onkelz-Fans	Bevölkerung allgemein (Stand 31.12.2015)
Nordrhein-Westfalen	21,7 %	21,6 %
Niedersachsen	11,5 %	9,5 %
Baden-Württemberg	10,3 %	12,8 %
Bayern (inkl. Franken)	10,2 %	15,3 %
Hessen	7,2 %	7,5 %
Sachsen	6,9 %	5,5 %
Rheinland-Pfalz	6,5 %	4,9 %
Thüringen	5,4 %	2,8 %
Sachsen-Anhalt	4,2 %	3,0 %
Schleswig-Holstein	3,8 %	3,6 %
Brandenburg	2,9 %	3,1 %
Berlin	2,8 %	4,3 %
Mecklenburg-Vorpommern	2,3 %	2,2 %
Saarland	2,0 %	1,0 %
Hamburg	1,5 %	1,8 %
Bremen	0,8 %	1,1 %

Abb. 3: Die regionale Herkunft der Onkelz-*Fans (1.997 Antworten)*

„Die Band der kleinen Leute" – Was machen *Onkelz*-Fans eigentlich beruflich?

„Die *Onkelz* sind eine der letzten nicht-kommerziellen Bands in den Hitparaden. Ihnen nimmt man noch ab, dass das, was sie singen, nicht einfach so dahingeträllert ist, sondern wirklich was dahinter steckt – sie selbst nämlich und nicht die Werbeindustrie-Authentizität. Die *Onkelz* sind die Band der kleinen Leute und sozial Schwachen." Dass die Musiker inzwischen Millionäre sind und keinen Tag ihres Lebens mehr arbeiten müssten, daran zweifeln auch die wenigsten Fans. Und doch sind die meisten der Überzeugung, die *Onkelz* seien nach wie vor die Band der „kleinen Leute und sozial Schwachen" – auch wenn sie selbst schon lange nicht mehr zu dieser Bevölkerungsgruppe gehören. Ob sie diesen Spagat glaubwürdig hinbekommen, dazu später mehr. Doch zunächst zu den Fans selbst. Gehören diese überwiegend zu den „kleinen Leuten", der arbeitenden Bevölkerung der unteren und Mittelschicht der Gesellschaft, sind sie stark armutsgefährdet und bildungsfern bzw. sogar -resistent? Denn auch dies gehört zum Vorurteilskanon gegenüber der Band: Sie rekrutiere ihr Publikum überwiegend von den „Prolls", aus den schlechter gebildeten Arbeitermilieus mit hoher Affinität zu Pegida, AfD und anderen rechtspopulistischen Strömungen. Eben die Jungs mit den tiefergelegten Opels, die die *Onkelz* als letzte Bastion der Männlichkeit feiern, Bier als Grundnahrungsmittel betrachten und sich gerne auf dem Heimweg vom Fußballstadion prügeln.

Selbstverständlich gibt es die auch unter *Onkelz*-Fans. Wie so oft verknüpfen sich hier auf der einen Seite selektive Wahrnehmungen und gutbürgerliche Arroganz der Privilegierten gegenüber der „Masse" und ihr zugeschriebenen politischen Einstellungen zum Klischeebild des *Onkelz*-Prolls, während auf der anderen Seite auch viele Fans ein strikt duales Weltbild des „Ihr da oben – wir da unten“ pflegen und mystisch aufladen wie Rotfront-Kämpfer in den 1920er Jahren. Doch wie sieht die Realität aus? Schon die Verteilung der Berufsgruppen unter den *Onkelz*-Fans zeigt, dass sie komplexer und widersprüchlicher ausfällt.

Signifikant überrepräsentiert sind *Onkelz*-Fans in den Berufsgruppen (Innen-)Ausbauberufe, Verkehrs- und Logistikberufe, Führer_innen von Fahrzeug- und Transportgeräten, Schutz-, Sicherheits- und Überwachungsberufe und nichtmedizinische Gesundheits-, Körperpflege- und Wellnessberufe, Medizintechnik.

Signifikant unterrepräsentiert sind *Onkelz*-Fans in den Gruppen der Berufe in Unternehmensführung und -organisation, Berufe in Finanzdienstleistungen, Rechnungswesen und Steuerberatung, Berufe in Recht und Verwaltung, Medizinische Gesundheitsberufe, Lehrende und ausbildende Berufe.

Das heißt: *Onkelz*-Fans üben seltener Bürojobs aus (Bürokauffrau/-mann, Verwaltungsangestellte, Sachbearbeiter_in etc.) und häufiger traditionelle Handwerksberufe; sie arbeiten öfter als Kraftfahrer, in der Logistik/Lagerwirtschaft sowie als Sicherheitskräfte und seltener als Lehrer_innen, jedoch leicht häufiger als der Bevölkerungsdurchschnitt in der außerschulischen Erziehung und Jugendarbeit; die weiblichen *Onkelz*-Fans sind zudem in medizinischen Gesundheitsberufen – vor allem Krankenschwester und (zahn)medizinische Assistentin – unterrepräsentiert, aber in nichtmedizinischen Gesundheitsberufen – vor allem Altenpflegerin – überrepräsentiert. *Onkelz*-Fans arbeiten überwiegend als ausgebildete Fachkraft, seltener als ungelernte Hilfskraft, und auch ihre Arbeitslosenquote liegt mit 2,1 Prozent unter der der Bevölkerung allgemein. In den meisten Berufsgruppen bestehen jedoch keine signifikanten Abweichungen zur Gesamtbevölkerung. *Onkelz*-Fans sind in allen Milieus der deutschen Gesellschaft zu Hause.

Berufe der *Onkelz*-Fans im Vergleich zur Gesamtbevölkerung

	Anteil der Beschäftigten in Deutschland (Stand 30.06.2015)	*Onkelz*-Fans
11 Land-, Tier- und Forstwirtschaftsberufe		
(Forstwirt, Hufschmied, Hundetrainerin, Imkerin, Landwirt, Pferde-/Tierpflegerin, -wirtin, Waldarbeiter, Winzer)	0,7 %	1,4 %
12 Gartenbauberufe und Floristik		
(Gärtner_in/Landschaftsgärtner_in, Floristin)	0,8 %	1,2 %
21 Rohstoffgewinnung und -aufbereitung, Glas- und Keramikherstellung und -verarbeitung		
(Betonfertigteilbauer, Flachglasmechaniker, Kampfmittelbeseitiger, Produktionshelferin, Steinmetz)	0,4 %	0,4 %
22 Kunststoffherstellung und -verarbeitung, Holzbe- und -verarbeitung		
(Fahrzeuglackierer, Fensterbauer, Holzbearbeiter/-mechaniker, Kunststofftechniker, Lackierermeister, Möbelmonteur, Schreiner, Tischler_in)	1,7 %	1,5 %
23 Papier- und Druckberufe, technische Mediengestaltung		
(Buchbinder, Druckereiarbeiter, Fotograf, Medientechnologe/-gin, Produktionsmitarbeiterin)	0,9 %	0,6 %
24 Metallerzeugung und -bearbeitung, Metallbauberufe		
(CNC-Maschinenbediener/-Fräser, Dreher, Industriemeister Metall, Konstruktionsmechaniker_in, Metallarbeiter, -bauer, Schlosser, Schweißer, Stanzer, Uhrmacher, Verfahrensmechaniker, Vorarbeiter im Metallbau, Werkzeugkoordinator, -macher, Zerspanungsmechaniker_in)	4,3 %	4,9 %

	Anteil der Beschäftigten in Deutschland (Stand 30.06.2015)	*Onkelz*-Fans
25 Maschinen- und Fahrzeugtechnikberufe		
(Aufzugtechniker, Betriebsschlosser/Industriemechaniker_in/Montageschlosser/Monteur_in, Fahrradmechaniker, Fahrzeugtechnikerin, Fluggerätmechaniker/Flugzeugbauer, Helpdesk-Administrator, Karosserie- und Fahrzeug-Baumeister, -techniker, Kfz-Mechaniker_in/-Mechatroniker_in, -Meister, Maschinenbauingenieur, Maschinen- und Anlagenführer, Montagearbeiter, Wartungsmeister)	5,7 %	6,8 %
26 Mechatronik-, Energie- und Elektroberufe		
(Mess-/Steuerungstechniker, Elektriker_in/Elektroinstallateur_in, Elektro-Energietechniker, -maschinenmonteur, -meister, Elektroniker, Flugzeugelektroniker, Kraftwerker/Leitstandsfahrer, Mechatroniker_in, Produktionshelferin, Telefontechniker, Windkraftanlagen-Servicetechniker)	3,2 %	2,8 %
27 Technische Forschungs-, Entwicklungs-, Konstruktions- und Produktionssteuerungsberufe		
(Bauzeichner/Produktdesignerin/Techn. Zeichner, Fertigungsplaner, Handwerks-, Industriemeister, Konstruktions-, Nachrichten-, Versuchstechniker, Technischer Leiter, Prüfingenieur, Qualitätskontrolleur/-manager, Schichtleiter_in)	3,3 %	2,1 %
28 Textil- und Lederberufe		
(Modedesignerin, Stanzerin, Technische Konfektionärin, Weberin)	0,4 %	0,3 &

weiter auf der nächsten Seite ⇨

	Anteil der Beschäftigten in Deutschland (Stand 30.06.2015)	*Onkelz*-Fans
29 Lebensmittelherstellung und -verarbeitung		
(Bäcker, Bierbrauer, -braumeister, Fachkraft für Lebensmitteltechnik, Fleischer_in/Metzger_in/Schlachter_in, Koch/Köchin, Küchenchef, -hilfe, Weintechnologe)	2,6 %	3,6 %
31 Bauplanungs-, Architektur- und Vermessungsberufe		
(Architekt, Bauleiter, -techniker, -unternehmer, Vermessungstechniker)	0,8 %	0,7 %
32 Hoch- und Tiefbauberufe		
(Bauarbeiter, Dachdecker, -meister, Gerüstbauer, Kanalbauer, Maurer, Polier Straßenbau, Steinsetzerin, Straßenbauer)	1,8 &	2,9 %
33 (Innen-)Ausbauberufe		
(Bautischler, Fliesenleger, Fußbodenleger, Maler_in und Lackierer_in, Malermeister, Messebauer, Stuckateur_in, Trockenbauer, Zimmerer)	1,2 %	2,8 %
34 Gebäude- und versorgungstechnische Berufe		
(Anlagenmechaniker_in/Installateur_in/Heizungsbauer_in, Hausmeister_in/Gebäude-/Haustechniker_in, Kälteanlagenbauer, Kanal- und Rohrreiniger, Kläranlagenwärter, Klempner/Spengler, Müllwerker, Rohrleger)	2,2 %	2,7 %
41 Mathematik-, Biologie-, Chemie- und Physikberufe		
(Anlagenfahrer, Chemiearbeiterin, -laborant_in, -labortechnikerin, Chemikant_in, Industriemeister Chemie, Werkstoffprüfer)	1,3 %	1,1 %
42 Geologie-, Geografie- und Umweltschutzberufe		
(Schornsteinfegerin)	0,1 %	0,1 %

	Anteil der Beschäftigten in Deutschland (Stand 30.06.2015)	*Onkelz*-Fans
43 Informatik-, Informations- und Kommunikationstechnologieberufe		
(Account-Managerin, SAP-Beraterin, Fachinformatiker, Informatiker, IT-Berater, -Spezialist_in, -Systemadministrator, -System-Kaufmann, Netzwerkmanagerin, Softwareentwickler_in, -spezialist/-tester)	2,2 %	2,0 %
51 Verkehrs- und Logistikberufe (außer Fahrzeugführung)		
(Postbote/-botin/Paketfahrer, Disponent Güterverkehr, Eisenbahner, Flugzeugabfertiger, Handelsfachpacker, Kaufmann für Spedition und Logistikdienstleistung, Kohlenträger, Kommissionierer, Lager(fach)-arbeiter_in/Lagerist_in/Lagermeister_in, Logistiker_in/Logistikmanager_in, Möbelpacker, Reiseberater (Bahn), Schifffahrtskaufmann, Speditionskaufmann/-frau, Straßenwärter, Transporteur, Zeitungsausträger_in)	6,1 %	8,1 %
52 Führer_innen von Fahrzeug- und Transportgeräte		
(Baggerfahrer_in/Baumaschinenführer_in, Bus-, Kurierfahrer_in, Berufskraftfahrer_in, Lastkraftwagenfahrer_in, Lokführer_in, Stapler-, Taxifahrer)	3,4 %	5,3 %
53 Schutz-, Sicherheits- und Überwachungsberufe		
(Brandschutzfachkraft/Feuerwehrmann, Fachangestellte für Bäderbetriebe, Gesundheitsaufseher, Hundeführer, Justizvollzugsbeamter/-beamtin, Luftsicherheitskontrolleurin, Parkhauswächter_in, Pförtner_in/Security/Türsteher_in, Wachschutz/Werkschutzfachkraft, Polizeibeamter/-beamtin, Spielhallenaufsicht)	1,0 %	4,2 %

weiter auf der nächsten Seite ⇨

	Anteil der Beschäftigten in Deutschland (Stand 30.06.2015)	*Onkelz*-Fans
54 Reinigungsberufe		
(Reinigungskraft/Glas-, Gebäudereiniger_in, Wagenpfleger)	2,6	1,8 %
61 Einkaufs-, Vertriebs- und Handelsberufe		
(Außendienstmitarbeiter, Einkäufer, Groß- und Außenhandelskauffrau/-mann, Immobilienkauffrau, -makler, Online-Sales-Manager, Technischer Einkäufer, Tierhändler, Verkaufsingenieur_in, Vertriebsassistentin/-kauffrau/-mann, -leiter)	3,0 %	2,6 %
62 Verkaufsberufe		
(Antiquitätenhändlerin, Bäckereifachverkäuferin, Einzelhandelskauffrau/-mann/Verkäufer_in, Filialleiter_in, Gebrauchtwagenverkäuferin, Kassierer_in, Kosmetikberaterin/-fachverkäuferin, Ladenhilfe/Regalauffüller_in, Sportfachwirtin, Sport- und Fitnesskauffrau, Tankstellenleiterin)	6,7 %	7,8 %
63 Tourismus-, Hotel- und Gaststättenberufe		
(Barbesitzerin/Gastronom_in/Gastwirt_in/Kantinenleiter_in, Restaurantchef_in, Bookerin/Event-/Konzert-/Musikmanager_in, Fitnessstudioleiter, Hotel-, Restaurantfachfrau/-mann, Kellner_in, Servicekraft, Sommelier, Veranstaltungskaufmann, Zimmermädchen)	2,4 %	3,4 %

	Anteil der Beschäftigten in Deutschland (Stand 30.06.2015)	*Onkelz*-Fans
71 Berufe in Unternehmensführung und -organisation		
(Arbeitsvermittlerin, Assistentin der Geschäftsleitung, Betriebswirt, Bürokauffrau/-mann/Sachbearbeiter_in, Sekretär_in, Business-Development-Manager, Datenerfasserin, Fremdsprachenkorrespondentin, Geschäftsführer_in, Unternehmer_in, Industrie-, Personalkauffrau/-mann, Kaufmännische_r Angestellte_r, Personaldisponentin, Projektleiter_in/ -manager_in, Teamleiter_in, Telefonistin, Übersetzerin)	12,9 %	6,2 %
72 Berufe in Finanzdienstleistungen, Rechnungswesen und Steuerberatung		
(Bankbetriebswirt, -kauffrau/-mann, Buchhalterin, Controller, Finanzierungssachbearbeiterin, Schadensmanagement, Steuerfachangestellte, Vermögensberater, Versicherungskaufmann/-frau/-sachbearbeiter_in, Versicherungsmakler/-vertreter)	4,5 %	1,3 %
73 Berufe in Recht und Verwaltung		
(Jugendamtsleiter, Bibliothekssachbearbeiterin, Finanzbeamter/-beamtin, Justizangestellter, Kauffrau im Gesundheitswesen, Rechtsanwalt, Rechtsanwalts-/Sozialversicherungs, Verwaltungsfachangestellte/-sekretärin, Sachbearbeiter_in, Verwaltungsbeamte_r höh. Dienst)	3,2 %	2,1 %

weiter auf der nächsten Seite ⇨

	Anteil der Beschäftigten in Deutschland (Stand 30.06.2015)	*Onkelz*-Fans
81 Medizinische Gesundheitsberufe		
(Diätassistentin, Ergotherapeutin, Krankenschwester/-pfleger_in, Masseurin, Medizinisch-technische Assistentin, Nachtwache Krankenhaus, Arzthelfer_in/Medizinische_r Fachangestellte_r, Pflegeassistentin/-fachkraft, -manager_in, Pharmazeutisch-technische Assistentin, Physiotherapeut_in, Sanitäter_in, Saunameisterin, Suchttherapeut, Tierheilpraktikerin, Tiermedizinische Fachangestellte)	7,6 %	5,7 %
82 Nichtmedizinische Gesundheits-, Körperpflege- und Wellnessberufe, Medizintechnik		
(Pflegehelfer_in, Altenpfleger_in/Seniorenbetreuer_in, Bestattungsfachkraft, Friseur_in/-meister_in, Kosmetikerin, Piercer_in/Tätowierer_in, Zahntechniker)	2,7 %	5,1 %
83 Erziehung, soziale und hauswirtschaftliche Berufe, Theologie		
(Betreuerin/Betreuungsassistentin für Demenzkranke, Kinderpflegerin, Behindertenausbilder, Erzieher_in, Flüchtlingsfürsorgerin, Haushaltshilfe, Hauswirtschafter_in, Heilerziehungspfleger_in, Sonderpädagogin, Sozialassistent_in, -betreuer_in, Sozialarbeiter_in/-pädagoge/-pädagogin, Sozialpädagogische Assistentin, Tagesmutter)	5,0 %	5,4 %
84 Lehrende und ausbildende Berufe		
(Bildungsreferent, Fahrschullehrer, Lehrer_in, Personal Trainer)	2,0 %	0,5 %
91 Sprach-, literatur-, geistes-, gesellschafts- und wirtschaftswissenschaftliche Berufe		
	0,2 %	0,0 %

	Anteil der Beschäftigten in Deutschland (Stand 30.06.2015)	*Onkelz*-Fans
92 Werbung, Marketing, kaufmännische und redaktionelle Medienberufe		
(Autorin/Schriftstellerin, Callcenter-Agent, Fundraiserin, Journalistin, Kauffrau für Dialogmarketing, Lektorin, Marketing-Leiterin, Medienberater, PR-Referent_in, Werbetechniker)	1,8 %	1,9 %
93 Produktdesign und kunsthandwerkliche Berufe, bildende Kunst, Musikinstrumentenbau		
(Graveur, Künstler)	0,2 %	0,1%
94 Darstellende und unterhaltende Berufe		
(DJ/DJane, Meister für Veranstaltungstechnik, Musiker, Sportler)	0,4 %	0,4 %
01 Angehörige der regulären Streitkräfte		
(Soldat_in)	0,0 %	0,1 %
Sonstige		
Hausmann/Hausfrau (und Mutter)		3,2 %
Arbeitslos/-suchend		2,1 %
Rentner_in (Erwerbs-/Berufsunfähig)		1,0 %
Studierende_r		1,1 %
Schüler_innen		5,0 %
Sonstige*		6,4 %

(*Die Angaben waren zu unspezifisch, etwa „Angestellte", „Selbständig", „Produktionsmitarbeiter" etc., und konnten deshalb nicht zugeordnet werden.)

Abb. 4: Berufsgruppen der Onkelz-*Fans im Vergleich zur Gesamtbevölkerung (2.011 Antworten). [Die Zahlen addieren sich nicht zu 100 Prozent wegen der Auf- und Abrundungen hinter dem Komma. „Sonstige" wurden prozentual nicht mitgerechnet und sind hier nur der Vollständigkeit halber aufgeführt.] Die Berufsbezeichnungen und -einordnungen folgen der offiziellen Klassifikation der Bundesagentur für Arbeit. In Klammern werden die von den Fans genannten Berufe aufgeführt.*

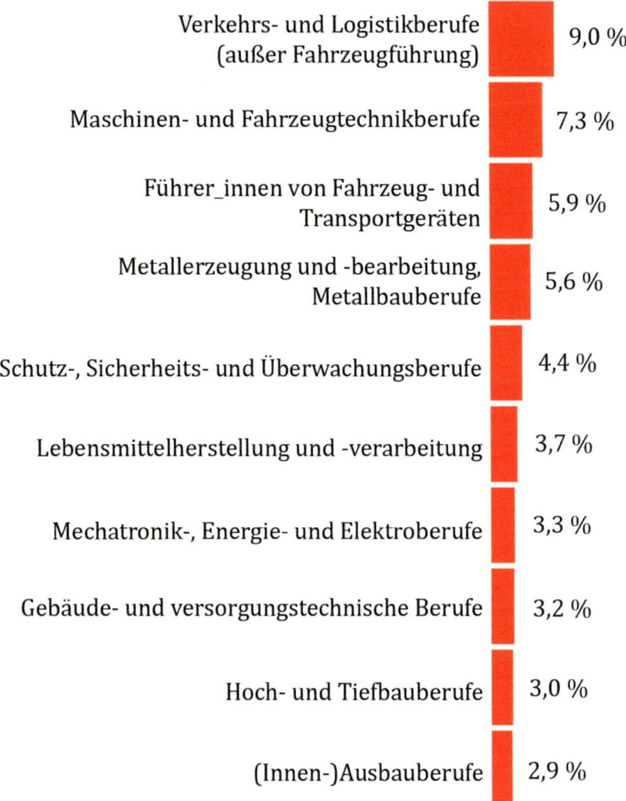

Abb. 5: Die populärsten Berufsgruppen von männlichen Böhse-Onkelz-*Fans*

Die Abbildungen 5 und 6 zur geschlechtsspezifischen Wahl des Berufes sind nicht nur hinsichtlich der *Onkelz*-Fans interessant, sondern illustrieren auch allgemein, in welchen Berufsgruppen schon Fortschritte bezüglich der Gleichstel-

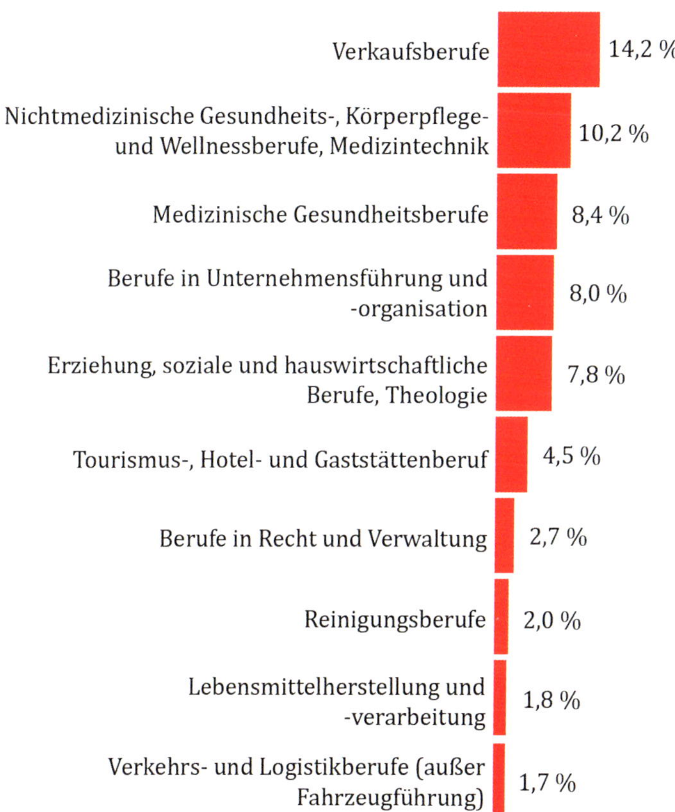

Abb. 6: Die populärsten Berufsgruppen von weiblichen Böhse-Onkelz-*Fans*

lung der Geschlechter erzielt wurden und wo noch deutlicher Handlungsbedarf besteht. Während männliche *Onkelz*-Fans überwiegend mit Maschinen arbeiten, sind weibliche Fans vor allem im Verkauf, in Gesundheitsberufen und im

Büro tätig. Die Kommunikationskompetenz scheint auch im 21. Jahrhundert noch sehr unterschiedlich unter den Geschlechtern verteilt zu sein.

Wie wird man eigentlich *Onkelz*-Fan?

1992 ist eindeutig ein *Onkelz*-Spitzenjahrgang. Ein Jahr, in dem sie so viele neue Fans gewinnen wie niemals zuvor in ihrer bisher zwölfjährigen Geschichte. Am 16. März erscheint *Live in Vienna*, das erste Live-Album der *Onkelz*, und schon knapp sechs Monate später das achte Studioalbum *Heilige Lieder* – ein Quantensprung in der *Onkelz*-Geschichte. Stephan Weidner hatte sich extra nach Mexiko zurückgezogen, um dort alle Songtexte zu schreiben. Mit „Nenn mich wie du willst" enthält das Album auch zum ersten Mal ein Lied, das sich eindeutig gegen rechts wendet: *Ich bade mich in Dummheit, bin ein übler Denunziant./Ich kreuzige mich selbst – und ich bin stolz auf unser Land.*

Das Jahr 1992 ist jedoch nur der Höhepunkt einer Entwicklung, die sich bereits Ende der 1980er Jahre abzeichnet. Seit 1988/89 gewinnt die Band jedes Jahr mehr Fans. Die meisten kommen aus der Heavy-Metal-Szene. Bereits 1987 hatte der auflagenstarke *Metal Hammer* seine bisherige Haltung zur „Naziskin-Band Nr. 1" revidiert und ein Interview des Chefredakteurs Edgar Klüsener mit Stephan und Gonzo unter dem Titel „Böhse Onkelz – böse ja, rechtsradikal nein" veröffentlicht. Wenn auch mit großen Vorbehalten – Metaller haben in der Regel keinerlei Sympathien für die Skinheadkultur und erst recht nicht für neonazistische Bands, die in ihre Szene einzudringen versuchen – findet eine Annäherung statt zwischen der Band und den Fans von *AC/DC*, *Metallica*, *Motörhead* und *Slayer*. Von den alten *Onkelz*-

Fans sind nur noch wenige übrig. Die einen verachten die *Onkelz* als „Verräter", anderen, die immer noch Skins oder Punks geblieben waren, gefällt ihre musikalische Entwicklung vom schlichten Oi!-Punk zum Hardrock/Heavy Metal nicht. So bleiben nur die, die sowohl den Weg heraus aus der rechten Szene als auch die musikalische und textliche Wandlung der Band nachvollziehen können. Anfang der 1990er Jahre sind die „Glatzen" auch bei *Onkelz*-Konzerten plötzlich eine Minderheit, die vom übrigen Publikum skeptisch beäugt wird. Die rechte Szene hat inzwischen ohnehin ihre eigenen Helden. So erlangt allein die Rechtsrock-Band *Störkraft* im Herbst 1992 mehr Medienaufmerksamkeit als die *Böhsen Onkelz* in ihrer gesamten bisherigen Geschichte: *Der Spiegel* führt ein großes Exklusivinterview mit ihr, *Spiegel-TV*, ARD, ZDF und andere ziehen nach. In der Sat1-Talkshow *Einspruch* diskutiert sogar Rio Reiser mit ihnen. Doch während die Rechtsrock-Bands fast ausschließlich durch

Seit wann bist du *Onkelz*-Fan?

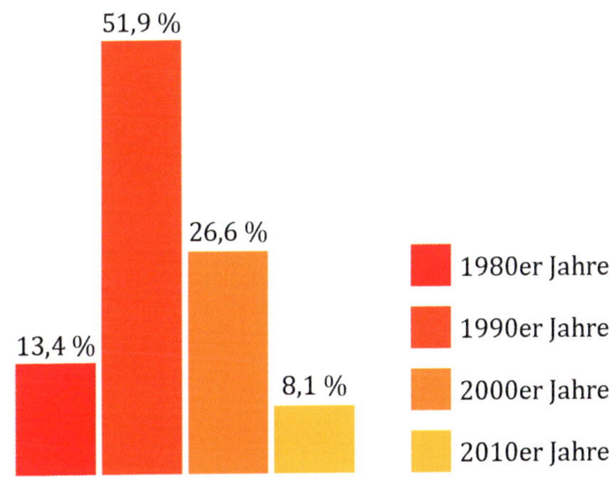

Abb. 7: Beginn des Fan-Daseins (1.697 Antworten)

sensationsheischende Medienberichte in Folge staatlicher Versuche, ihre Tonträger und Konzerte zu verbieten, Aufmerksamkeit erreichen, erobern sich die *Böhsen Onkelz* ihre neuen Neffen und Nichten inzwischen durch ihre Musik und Mund-zu-Mund-Propaganda der bereits überzeugten Fans ohne größere Medienberichterstattung – weder positive noch negative.

Erstaunlicherweise spielen Medienberichte bis heute quasi keine Rolle bei der Gewinnung neuer Fans. Hierin unterscheiden sich die *Onkelz* sehr deutlich von *Frei.Wild*, der Nr. 2 des Deutschrock, die einen hohen Anteil ihrer Fans der Echo-Ausladung 2013 und dem seitdem anhaltenden Shitstorm in den Medien verdanken. Auch wenn das Negativimage der *Onkelz* besonders für Jüngere eine hohe Attraktivität besitzt, sind nur knapp drei Prozent der heutigen Fans tatsächlich durch Medienberichte auf die *Onkelz* aufmerksam geworden. Neun von zehn Fans wurden durch andere Fans gewonnen, die ihnen die *Onkelz* empfahlen, ihnen Kassetten oder CDs liehen oder schenkten oder einfach *Onkelz*-Songs vorspielten. Neben dem eigenen Freundeskreis, der vor allem bei Jugendlichen übliche Einstieg in musikalische und jugendkulturelle Leidenschaften, spielte dabei die Familie eine große Rolle: Jeder dritte *Onkelz*-Fan wurde von einem Familienmitglied begeistert, hauptsächlich von älteren Brüdern und Schwestern, die bereits „infiziert" waren, die Hälfte davon aber sogar durch die eigenen Eltern, Onkel oder Tanten und in einigen wenigen Fällen inzwischen sogar durch die Großeltern. Die *Böhsen Onkelz* verbinden und verbünden offenbar Generationen gegen die jeweiligen Mehrheiten ihrer eigenen Generation. Eltern entdecken die Musik bei ihren Kindern, Kinder bekommen die CDs oder

Konzertkarten von ihren onkelfizierten Eltern. Die Mutter eines *Onkelz*-Fans berichtet:

> „Mein Sohn wünschte sich zu seinem 14. Geburtstag eine *Onkelz*-CD. Ich hatte zuvor noch nie etwas von den *Böhsen Onkelz* gehört. Er hat mich ausgelacht und mir ‚Schutzgeist der Scheiße' vorgespielt. Dann hat er mir erzählt, dass viele Leute behaupten, die Band sei rechts. Da mein Sohn ein großer Fan von dieser Band war, ich aber kein rechtes Gedankengut in Haus und Familie dulde, musste ich mich wohl intensiver mit diesem Thema befassen. Ich recherchierte im Internet und fand die üblichen klischeebehafteten Seiten. Um mich selbst davon zu überzeugen, dass die Band ‚rechts' ist, kaufte ich (ohne Wissen meines Sohnes) die CD *Ein böses Märchen*. Ich hörte die Lieder immer und immer wieder, las die Texte, versuchte zwischen den Zeilen irgendetwas zu entdecken, was darauf hindeutete, dass die Gruppe rechts ist. Vergeblich! Der Geburtstag meines Sohnes war da und ich schenkte ihm *Ein böses Märchen*.
>
> Im Dezember kaufte ich dann drei Karten für ein *Onkelz*-Konzert. Die Karten waren wohl mit Abstand das schönste Weihnachtsgeschenk! Von meinen Kindern bekam ich dann zu Weihnachten *Heilige Lieder* und *Viva los Tioz* geschenkt. Die super Rock-Musik und die schlichten, aber dennoch (oder gerade deshalb) prägnanten, aussagekräftigen Texte faszinierten mich. Ich hatte das Gefühl, dass mir die Texte bei dem Umgang mit meinem pubertierenden, hyperaktiven und nicht immer einfach zu handhabenden Sohn halfen. Er vertraute mir, erzählte von seinen Freizeit-

aktivitäten, brachte seine Kumpel mit nach Hause und zeigte mir die Musik, für die er sich interessierte (nicht nur *Onkelz*). Die Schule reagierte auf seinen Musikgeschmack mit Ablehnung und Ausgrenzung. Die Lehrer machten sich nicht einmal die Mühe, sich zu informieren. Er und seine Freunde wurden als rechtsgerichtete Jugendliche abgestempelt. Es war eine sehr schlimme und für die ganze Familie belastende Zeit. Ich habe versucht, in Gesprächen (u. a. Lehrerkonferenzen) und Briefen meine Sicht auf die Dinge zu erläutern – es war alles vergeblich, die Vorurteile blieben.

Im Juni ging ich dann mit meinem Sohn und einem seiner Freunde zu meinem ersten *Onkelz*-Konzert. Mir war zwar etwas mulmig im Bauch, ich hatte aber als ‚Schutz' die beiden Kids dabei. Der Abend war für mich ein tolles Erlebnis. Ich war erstaunt und überrascht, dass so viele ‚Testosteronbomben' so friedlich und gut gelaunt miteinander feiern und tanzen konnten. Erstaunlich war, dass die Konzertbesucher aus den unterschiedlichsten Subkulturen, Altersklassen und sozialen Schichten kamen. Von Punks über Gothics und Skins bis hin zu Normalos, vom Kindesalter bis hin zu Fast-Opa war alles dabei und feierte und sang miteinander.

Ich bin der Ansicht, wenn sich Pädagogen mehr und intensiver mit den Musikgeschmäckern und den Lieblingsbands der Jugendlichen beschäftigen, haben sie einen viel besseren Zugang zu ihren Schützlingen und können diese besser in eine positive Richtung lenken. Verbote und undifferenzierte Ablehnung sind ungeeignete Erziehungsmittel. Ich bin mir sicher, hätte ich auf die Musikvorlieben meines Sohnes so wie seine Lehrer reagiert, hätte ich ihn sicher in die rechte Szene getrieben."

Der Erstkontakt

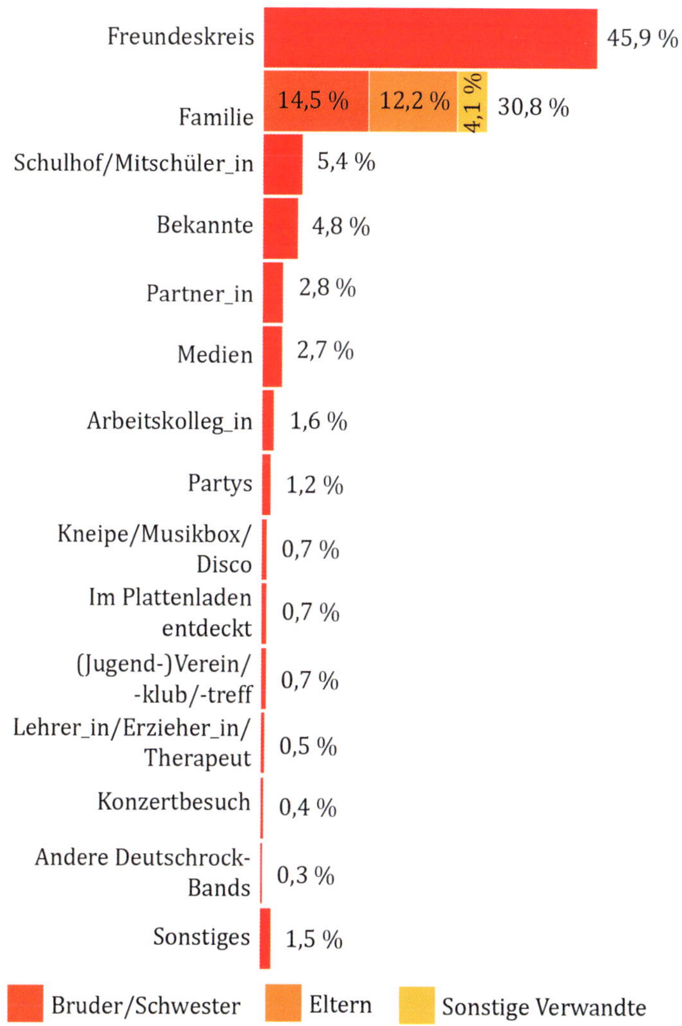

Abb. 8: Wie bist Du auf sie aufmerksam geworden? (1.943 Antworten)

Der Schulhof spielt als Umschlagplatz für Musik immer noch eine wichtige Rolle, obwohl – oder vielleicht auch: weil – die offizielle Schule die *Böhsen Onkelz* eher ächtet. Sie sind so gut wie nie Unterrichtsthema, und wenn, dann eher unfreiwillig und stigmatisierend, etwa, wenn ein Schüler sich die *Böhsen Onkelz* als Sujet für ein Referat ausgewählt hat. Die Reaktionen darauf sind oft unqualifiziert und in der Tradition der Schwarzen Pädagogik: Das Thema wird untersagt, der Schüler abgekanzelt, mitunter sogar im Falle des Tragens eines *Onkelz*-T-Shirts des Unterrichts verwiesen oder wegen „Störung des Schulfriedens" verwarnt. Er gilt fortan als „rechtsverdächtig", Einwände und Gegenargumente werden von der Lehrperson überhört oder gleich unterbunden. Schule und Demokratie sind offenbar an vielen Lehranstalten dieses Landes immer noch nicht kompatibel. Lehrer_innen, die selbst *Onkelz*-Fans sind, versuchen dies in aller Regel vor ihren Kolleg_innen und Vorgesetzten zu verheimlichen.

Stress

Zwei von drei *Onkelz*-Fans hatten schon mal Ärger, weil sie sich als *Onkelz*-Fans zu erkennen gaben. Jeder zweite *Onkelz*-Fan, der Ärger wegen seiner musikalischen Leidenschaft bekam, bekam diesen in der Schule.

> „Ich flog aus dem Sportunterricht, da ich ein harmloses *Wir ham' noch lange nicht genug*-T-Shirt trug; mir wurden Schläge angedroht von Leuten, die ich noch nie gesehen hatte. Ich bekam es mit der Antifa zu tun, weil ich in unserem Ort an Bushaltestellen Zettel aufhängte, wo ich fragte, ‚ob es in unserem Ort noch weitere *Onkelz*-Hörer gibt'. Antifas rissen diese Zettel ab und

schrieben mir einen Brief, in dem stand, dass es während eines Konzertes der *B.O.* in Dortmund zu riesigen Aufmärschen von Neonazis gekommen sei und die *Onkelz* ‚Deutschland den Deutschen' gespielt hätten. Ich schrieb einen achtseitigen Brief zurück und legte einige Berichte bei, womit sie sich einmal befassen sollten, bevor man solche Anschuldigungen in die Welt setzt. Ich hörte von denen niemals wieder etwas."

„Ich bin jetzt seit Oktober hier in der Uni eingeschrieben, und schon hatte ich einige Kollisionen mit Kommilitonen, die sich über mein *Onkelz*-Longsleeve aufgeregt haben. Ich muss dazu sagen, dass es mir stets widerstrebt hat, T-Shirts mit Bandlogo zu tragen, weil mich dieses Fan-Band-Getue an sich ankotzt. Doch seit ich *Onkelz* höre, gibt es für mich eine Band, zu der ich voll und ganz stehe; und da mir diese vier Musiker, als erste Musiker überhaupt, so etwas wie Achtung abringen (vor allem dadurch, wie sie ihr Leben gemeistert haben), besitze ich jetzt ein *Onkelz*-Longsleeve, das ich auch auf dem Campus getragen habe. Und sofort kamen die dümmsten Sprüche, wie z. B.: ‚Ach du Scheiße, ham wir jetzt auch Nazis auf dem Campus?' oder: ‚Ich dachte, fürs Abitur braucht man einen Mindest-IQ ...!' Das Härteste war jedoch ein Typ, den ich kennen gelernt habe und der mir ganz gut gefallen hat. Ich bagger ihn ein wenig an und er fragt mich, ob wir 'nen Kaffee zusammen trinken. Im Café suchen wir uns 'nen Tisch und ich ziehe meine Jacke aus. Als erstes fällt mir sein entsetztes Gesicht auf, dann sagt er: ‚Du, tut mir leid, aber mit rassistischen Bräuten hab ich nix am Hut.' Und weg ist er. Unglaublich, oder?"

„Ich kenne inzwischen mehrere Klubs, in die ich mit *Onkelz*-Shirt nicht reinkomme."

„Ärger nicht, aber ich weiß nicht, wie oft ich schon die Frage beantworten musste, ob ich rechts bin."

„Einmal vor unserem Autonomen Kulturzentrum, als ich mir dort *Cock Sparrer* ansehen wollte. Aber einer von denen, die mich gleich umstellten, war selbst beim *Onkelz*-Konzert gewesen. Ich wusste es und er wusste, dass ich es wusste. Also hat er die anderen schnell beruhigt. Natürlich ohne sich selbst als *Onkelz*-Fan zu outen. ☺"

„Ärger nicht, aber ungläubiges Entsetzen: Wie kannst du als halb Türke eine Band hören, die ‚Türken raus' singt?! Ich liebe es!"

„Als *Onkelz*-Fan ist man entweder rechts oder dumm, meistens beides. Dabei bin ich weder das eine noch das andere. Ich habe studiert, bin mehrsprachig und habe einen guten Beruf. Wer mich nur auf meinen Musikgeschmack reduziert, hat in meinem Umfeld nichts verloren."

„Nö, meine Eltern sind seit 30 Jahren *Onkelz*-Fans. Ärger hatte ich nur in meiner HipHop-Phase (*Bushido, Die Sekte* usw.). Jetzt ist die Pubertät geschafft und wir gehen gemeinsam auf Konzerte."

„Hier bei uns in Thüringen hatte ich in den Neunzigern eher Stress mit anderen *Onkelz*-Fans, weil das

> Nazis waren und ich fand, die hatten kein Recht, ein *Onkelz*-Shirt zu tragen."

> „In jungen Jahren täglich. Man war abgestempelt. In der Schule und privat gab es deswegen nur Probleme. Viele Schlägereien auf Grund dessen. Permanent Ärger mit den Eltern. Aber es war vielleicht auch genau das, was es so faszinierend gemacht hatte. Man war anders als die Anderen. Irgendwie verboten. Wenn man das heute den 17-, 18-Jährigen erzählt, die erst seit Hockenheim 2015 dabei sind, wird man ungläubig angeschaut. Früher wurde man auf sämtlichen Partys und Veranstaltungen abgewiesen, hatte man ein *Onkelz*-Shirt an. Heute ist es anscheinend salonfähig und gehört schon fast zum guten Ton, ein *Onkelz*-Fan zu sein."

Ein *Onkelz*-Fan zu sein unterscheidet sich offenbar davon, Fan einer x-beliebigen anderen Band zu sein. Hier geht es nicht nur um Melodie und Rhythmus, sondern um Gesinnung.

> „Leider gibt es immer noch so viele Idioten, die sagen, dass die *Onkelz* Faschos sind. Das ist mir scheißegal: Ich verteidige die *Onkelz* und habe auch schon ziemlich viele überzeugt, die sich in meinem Beisein ein Lied angehört haben. Die meisten Reaktionen waren: ‚Ey, das hätte ich jetzt nicht gedacht, das ist ja voll geil!' Meistens habe ich dann irgendwelche langsamen Lieder vorgespielt wie z. B. ‚Wieder mal 'nen Tag verschenkt' oder ‚Viel zu jung', auch ‚H'. *Onkelz*-Fan zu sein ist eine harte Aufgabe, aber es macht Spaß!"

„Diese Band hat mein Leben gerettet. Sagt mein Therapeut."

> „Mein Lieblingslied von ihnen ist ‚Bin ich nur glücklich, wenn es schmerzt'. Als ich es das allererste Mal in meiner Wohnung beim Fensterputzen gehört habe, musste ich unterbrechen, lauter machen und mir liefen die Tränen, unendlich viele Tränen ... Das ist alles, was ich dazu sagen kann. Ja, ich denke die *Onkelz* bedeuten mir so viel wie jeder Sonnenaufgang jeden Tag!"

Wenn man *Onkelz*-Fans fragt, was ihnen die Band eigentlich bedeute, erhält man Antworten wie diese: „Einfach alles!" – „Eine Lebenseinstellung!" – „Sie sind mein Leben!" – „Familie" – „Zusammenhalt" – „Freiheit" – „Meine Religion" – „Freundschaft fürs Leben" – „Stolz" – „Sie geben mir Kraft." – „Sie sind die Stütze in meinem Leben." – „Rückhalt, Kraft und Lebensfreude." – „Die Band hat mich durch schwere emotionale Zeiten begleitet." – „Viel mehr als Musik." – „Die Band bedeutet mir sehr sehr viel. Es gibt keinen Tag, an dem ich sie nicht höre." – „Ich richte nicht mein Leben nach den *Onkelz*, aber sie lassen mich erinnern und geben mir eine gewisse Zufriedenheit." – „Die einzige Konstante meines Lebens." – „Diese Band hat mir mein Leben gerettet. Sagt mein Therapeut. Und der sollte es wissen." – „Die Musik hat mich in schweren Zeiten oft unterstützt, zum Beispiel bei meiner Langzeittherapie wegen meiner Heroinsucht. Ich habe es geschafft: Ich bin clean. ICH hab es geschafft, nicht die *Onkelz*, aber ich weiß nicht, ob ich es ohne die *Onkelz* geschafft hätte!"

Gleich mehrere Fans berichten, dass ihnen *Onkelz*-Lieder im Rahmen einer Therapie empfohlen wurden. In der Tat setzen viele Fans die *Onkelz* therapeutisch ein: zur inneren Aufrüstung gegen äußere Zumutungen, zur Stärkung des eigenen Willens und der eigenen Durchsetzungskraft, um Verhaltensweisen (Drogenkonsum) zu ändern, und immer wieder, um mit Schicksalsschlägen fertigzuwerden. Vier von fünf Fans sind deshalb auch überzeugt davon, dass die *Onkelz* ihr Leben und ihre persönliche Entwicklung beeinflusst haben, nur sechs Prozent verneinen diese Frage.

Die Situationen, in denen die *Onkelz* ihre Wirkung erzielen bzw. die Fans ihre Texte entsprechend einsetzen, sind vielfältig. Für die einen sind sie der kleine Serotoninbote im Alltag:

> „Wenn man mal zum Beispiel schlecht drauf ist, dann legt man die *Onkelz* auf und alles ist wieder schick."

Für andere sind sie Ratgeber und unsichtbarer guter *Engel an meiner Seite* – sozusagen das I Ging der Popkultur:

> „Diese Band begleitet mich jetzt schon über 20 Jahre und so gut wie in jeder Lebenslage gab es einen Song oder eine Textzeile der *Onkelz*, die mir die Wahrheit über mich oder meine Situation beschrieb oder mir einen Weg hinaus zeigte. Zwar fand ich nicht die endgültige Lösung darin, aber sie waren oft Anstoß, dass ich mich der Situation stellen musste."

> „Ohne die *Onkelz* wäre ich wohl nicht auf mein Thema für meine Diplomarbeit gekommen."

Sie sind Meinungs- und Persönlichkeitsbildner:

„Ich glaube nicht mehr alles, was in der Presse so täglich offeriert wird, und versuche, auch andere Meinungen zu finden."

„Ich habe durch die *Onkelz* gelernt, auch zwischen den Zeilen zu lesen, denn ihre Texte, zumindest seit der *Heilige Lieder*, sind oft viel komplexer, als es beim oberflächlichen Hören den Anschein hat. ‚Vervollkommnet' hab ich diese Fähigkeit dann mit Hermann Hesse, den ich auch nur entdeckte, weil Stephan Weidner mehrfach Texte von ihm für seine Songs zum Vorbild nahm."

„Ich denke, dass ich durch die *Onkelz* ehrlicher geworden bin und mir mehr zutraue, meine Meinung zu sagen und sie auch zu vertreten."

„Heute weniger, aber sie sorgten für 'ne Menge Selbstbewusstsein in meiner Jugend."

„Sie gaben mir die Kraft, mich selbst zu finden und nicht nur die zu bleiben, die alle anderen wollten."

Sie sind wie erwähnt ein Therapeutikum:

„Anfang zwanzig hatte ich viele Selbstzweifel und auch reale Probleme, die ich mir, aus heutiger Perspektive selbstkritisch betrachtet, fast alle selbst eingebrockt hatte. Ich hab dann angefangen, in ganz miesen Momenten immer mehr *Onkelz* zu hören. Ich hab mir sogar ein Tape zusammengestellt mit ihren elendsten und traurigsten Songs, manche hab ich sogar zwei- oder dreimal hintereinander aufgenommen. Und es dauerte nicht lange und ich hab mir die Seele aus dem Leib geheult. Danach ging es mir immer besser. Und irgendwann hab ich die Kraft gefunden, meine Probleme ernsthaft anzugehen und mein Verhalten zu ändern."

„Viele Lieder bauen einen wirklich auf, wenn man mal nicht so gut drauf ist, weil die *Onkelz* diese Stimmungstiefs in ihren Texten so wunderschön beschreiben können, einem aber gleichzeitig immer wieder klarmachen, dass es wieder besser wird (*denn auch die größte Scheiße geht mal vorbei* ...), dass das Leben lohnenswert ist (*das Leben macht mich hungrig und ich krieg' nicht genug, der Himmel kann warten*). Und aus dem Mund der *Onkelz* klingen Sätze wie *Sei du selbst, steh zu dir ... finde dich selbst* oder *doch bevor man andere lieben kann, liebe erst mal dich* auch nicht moralisch oder lächerlich, wie es bei Autoritätspersonen oder auch anderen Musikern klingen würde."

„Es gibt wohl kaum andere Bands oder Interpreten, die so deutlich biografisch arbeiten und alle, sowohl positiven als auch negativen, Erfahrungen in ihrer Musik verarbeiten. Dies machen die vier in einer Sprache, die jeder verstehen kann, aber deren Sinn nur diejenigen begreifen, die sich wirklich intensiv mit der Band beschäftigen. Auch wenn sich jeder selbst mit seinen Problemen auseinandersetzen muss, hat mir die Musik der *Onkelz* geholfen, mit meinen Krisen besser fertig zu werden. Ich glaube aber, dass nicht jeder für diese ‚Therapieform' geeignet ist, weil nicht jeder bereit ist, in seinen Wunden zu bohren. Die Texte haben zu meiner Selbsterkenntnis beigetragen und dazu geführt, einige Dinge anders zu sehen und vor allem nicht alles ohne zu hinterfragen zu konsumieren. Ich glaube nicht, dass die Schaffens- und Lebensphasen der vier so weit von der Allgemeinheit abweichen. Alle Bandmitglieder sind auf die Welt gekommen, wurden mehr oder weniger erzogen, haben Fehler gemacht und versucht, ihre Erfahrungen und Erlebnisse zu verarbeiten. Etwas unterscheidet sie jedoch von den meisten: Durch das, was sie machen, haben sie vielen Menschen andere Wege gezeigt, den Glauben an sich selbst geweckt, Hoffnung gemacht, aus Krisen befreit und etwas geschaffen, was mehr ist als ‚nur' Musik."

„Das Leben, das scheiß doofe Leben, ist manchmal so aussichtslos, so einsam, so kalt und hässlich. Man weiß als *Onkelz*-Fan, dass es irgendwo jemanden gibt, dem es auch sauschlecht ging. Und dieser Mensch hat die Gabe, Texte darüber zu schreiben und es rauszuschreien. Und das tut verdammt gut! Jedes *Onkelz*-Konzert war für mich und meine Freundin eine Art Therapie! Uns ging's danach immer besser!"

... und manchmal sind sie sogar ein Lebensretter:

„Ohne sie würde ich nicht mehr leben."

„Fünf lange Jahre habe ich versucht, meinen Mann zu verlassen, und es nicht geschafft. Selbst nachdem er mich für eine Woche ins Krankenhaus geprügelt hatte, bin ich zu ihm zurück. Ich kann das heute noch nicht begreifen, dass ich so dämlich war und wie es passieren konnte, dass ich plötzlich zu diesen Frauen gehörte, die ‚die Kellertreppe runtergefallen' sind. Ein halbes Jahr nach der Onkelfizierung hab ich die Türschlosser unserer Wohnung ausgetauscht und IHN rausgeworfen!"

„Sie haben eine besondere Botschaft: Egal was passiert, du kannst für dein eigenes Glück sorgen, denn du bist was Besonderes und kannst alles schaffen. Nur diese Band schafft es, diese Botschaft so ehrlich zu vermitteln." – „Ehrlichkeit" ist ein immer wieder genanntes Kriterium für die Wirkung der Songtexte. Für jeden zweiten Fan sind die *Onkelz* auch heute noch Vorbilder:

„Stephan Weidner ist, seitdem ich denken kann, mein Idol in jeder Hinsicht; in meinen eigenen Schreibstil fließt viel von ihm ein und er inspiriert mich, Missstände anzuprangern, das Maul aufzumachen und für die einzustehen, die schwach und arm dran sind."

„Es gibt Momente, da möchte man den Leuten auch direkt die Meinung sagen, aber man lässt es. Die *Onkelz* machen es anders."

„Und wie sie das sind, ich wäre gern wie die *Onkelz*."

„Ja, wegen ihnen habe ich angefangen, selbst Musik zu machen."

„Ich hatte das Glück, in einer intakten Familie und sicheren Umgebung aufzuwachsen, daher musste ich nicht kämpfen, wie sie es mussten. Aber ich bewundere, dass sie ihren Weg gemacht haben, immer wieder aufgestanden sind und heute bessere Menschen sind, als man vielleicht erwartet hätte."

„Wer so straight seinen Weg geht, ohne Beeinflussung von Medien, Meinungen, politischer Korrektness etc., KANN nur Vorbild sein!"

„Vorbilder? Sie sind meine Religion."

„Ja, vor allem Kevin."

„Ja, denn sie sind sich selbst immer treu geblieben. Und das ist im Leben das Wichtigste, dass man sich immer treu bleibt."

„Stephan Weidner auf jeden Fall. Er ist in dem Sinne Vorbild, weil er zu Kevin eine unzerstörbare Freundschaft pflegt. Er holte ihn bereits x-Male aus dem Drogensumpf, stand immer hinter ihm, bewies starkes Rückgrat und ist auch so ein feiner Kerl. Seine Vorbildfunktion bei *Voices vs. Violence* beeindruckt mich sehr."

„Ja, da sie mir das Gefühl geben, gut zu sein, wie man ist, und seine Andersartigkeit lieben sollte."

Nur zum Teil, meint jeder sechste Fan:

„Auf gewisse Weise ja, da sie bei ihren Werten und

Überzeugungen geblieben sind. Auf der anderen Seite nein, mich stört etwas die kommerzielle Vermarktung, andere nennen das ‚Geldmacherei'."

„In manchen Dingen ja. Ihre direkte und unverblümte Art, ihre Kraft und Energie als auch ihr in Gänze gegen das Bild der Öffentlichkeit stehen. In anderen Dingen wie der Fall Kevin sicherlich nicht."

„Die Texte ja, die Menschen nicht unbedingt."

„Keine richtigen Vorbilder. Kevins Geschichte zeigt mir jedoch, dass du selbst aus dem tiefsten, noch so dunkelsten Loch wieder herauskommen kannst, wenn du das möchtest. Und Stephans und Gonzos Geschichte ermutigt mich dazu, mich vielleicht irgendwann einmal wieder mit meiner besten Freundin zu versöhnen."

„Musikalisch ja, menschlich nein."

Ein Drittel der Fans lehnt dies ab:

„Nein, gute Freunde!"

„Nein, ich bin 37 Jahre, verheiratet und hab ein Kind, stehe fest im Job und hab ein Haus; ich würde es albern finden, eine Musikgruppe als ‚Vorbilder' zu bezeichnen, insbesondere, wenn sie in Teilen nicht wirklich vorbildlich gelebt hat."

„Das Wort ‚Vorbild' bedeutet für mich, dass ich so sein möchte wie die *Onkelz* oder mein Leben so lebe wie sie, aber ganz ehrlich, das möchte ich nicht. Ich sehe die Band mehr als Weggefährten, die mein Leben stark beeinflusst haben, aber ich gehe mit diesen Erfahrungen meinen eigenen Weg."

„Nein, das nun gerade nicht, wie auch, ich bin 'ne Frau."

„Vorbild nein, ich sehe uns gedanklich auf gleicher Höhe."

„Die ganze Band ist für mich nicht mehr glaubwürdig. Dafür dass die Texte für Geradlinigkeit, Wahrheit, Ehrlichkeit stehen sollen, nimmt es die Band damit selbst nicht so genau. Siehe Kevin, Steuern, Leben auf Ibiza usw. Es wird halt suggeriert, dass man immer noch ein Teil der ‚Straße' ist, dabei ist das schon lange Vergangenheit. Ist glaub ich aber ganz normal, jeder entwickelt sich weiter."

„Nein! Die machen ihrs, ich mach meins."

„Nach dem Comeback nicht mehr. Weil sie damit dem widersprechen, was sie jahrelang ‚gepredigt' haben."

„Nein. Ich bin mein eigenes Vorbild ... Zudem ist auch da nicht alles Gold, was glänzt. Ich mag keine Heiligenverehrung."

„Vorbilder nein, aber sie haben vieles in meinem Leben verändert, mich stärker gemacht."

„Waren sie früher – vor allem Stephan. Nach einem persönlichen Kennenlernen war ich jedoch desillusioniert ...“

„Nein, eine Lebenseinstellung.“

„Wenn überhaupt, dann höchstens Weidner und Pe. Wenn Gonzo den Mund aufmacht, dann kommt da meistens nur Zeugs zum Fremdschämen heraus. Gerade in den letzten Jahren.“

„Menschlich auf keinen Fall.“

„Sie waren mal meine Idole, heute nicht mehr. Ich mag die *Onkelz* zwar immer noch sehr gerne, aber durch Kevins Unfall und Gonzos Gehabe mit *Frei.Wild* hat die Band meine Denkweise sehr stark geändert.“

„Aktuell nicht mehr. Aber sie haben mir geholfen, mein Leben in die richtige Richtung zu drehen.“

„Sie hätten nie zurückkommen dürfen. Jetzt werfen sie ihren Fans ab und zu mal was vor die Nase, um Geld zu bekommen. Ich finde die Band heute sehr unglaubwürdig, und ja, auch Kevin. Mir kommt es so vor, wie wenn es mittlerweile nicht mehr um die Musik geht, sondern nur noch um das Geld.“

„Ich habe keine Vorbilder.“

„Die *Onkelz* haben mir beigebracht, dass ich keine Vorbilder brauche.“

„Mit persönlich geht dieser Heldenmythos *Onkelz* sehr auf den Sack! Wir sprechen hier von einer Oi!-Punk- bzw. mittlerweile Hardrockband und nicht von irgendeiner Teeny-Pop-Band! Mir geht es um die Musik, um die Texte und nicht um Vergötterung."

„Die Kraft von früher spüre ich nicht mehr. Aber ich glaube, das ist normal. Man verändert sich. Man wird müde vom Leben und schwimmt irgendwann mit dem Strom. Nichtsdestotrotz können sie die Fans noch erreichen. Eher aber mit dem, was sie waren, nicht mit dem, was sie heute sind."

„Mein Papa ist ein Vorbild: Keine Drogen, keine Exzesse, immer für mich dagewesen ... Die *Onkelz* kann ich nur für ihr Talent und ihren Werdegang beglückwünschen."

„Nein. Die Musiker sind mir egal. Für mich zählt die Musik."

„Lieder wie ‚Markt und Moral' singen und dann Steuergelder nach Madeira transferieren. Das passt nicht."

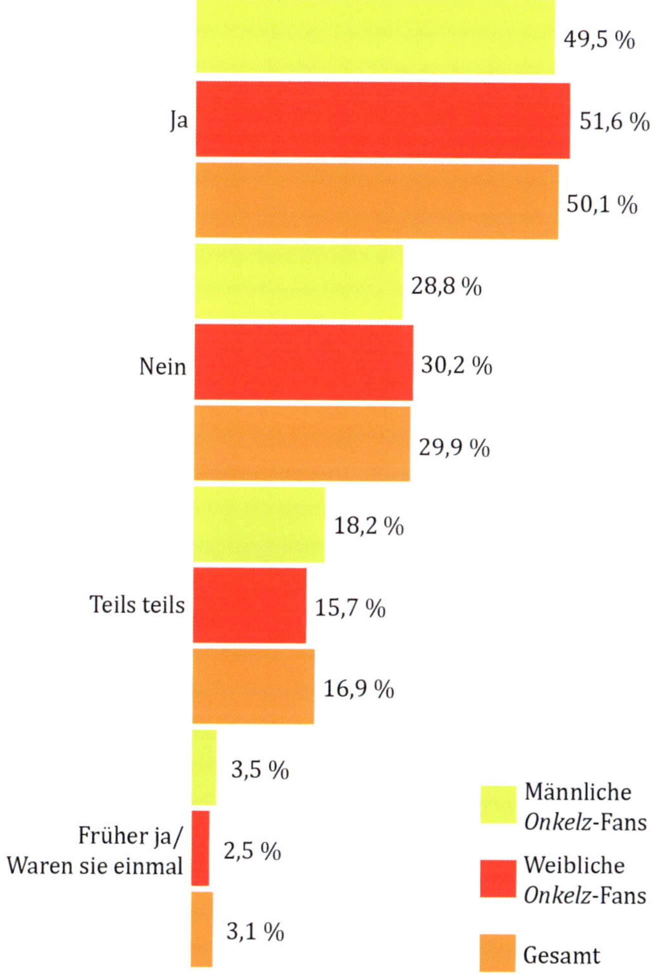

Abb. 9: Die Böhsen Onkelz *als Vorbilder für ihre Fans (1.883 Antworten)*

Pe wird bei den Antworten zu dieser Frage kaum je erwähnt – das Schicksal des Schlagzeugers –, Gonzo ebenfalls nur selten, wobei meist seine Interviewstatements nach der Trennung und seine Zusammenarbeit mit *Frei.Wild*, aber auch die negativen Äußerungen über *Frei.Wild* in der Phase der Reunion, kritisiert, seine Brillanz als Gitarrist gelobt werden. Stephan wird auffallend häufig als „arrogant" charakterisiert, seine Äußerungen, es ginge ihm und den *Onkelz* nicht „ums Geld", werden als „unglaubwürdig" eingeschätzt. Aber immer wieder drehen sich die Antworten um Kevin. Während Stephan zweifellos der musikalische Kopf der Band ist – er hat über neunzig Prozent aller *Onkelz*-Songs geschrieben –, ist Kevin derjenige, der der Band ihre Identität und Glaubwürdigkeit verleiht. Die *Stimme aus der Gosse*, die für die Wandlung der Band steht, die die Fans so fasziniert: aus miesen Verhältnissen kommend, Nazi-Mitläufer, Alkoholiker, Junkie – und schließlich doch ganz oben angekommen: clean, Antirassist, Rockstar, seit Neuestem sogar glücklicher Ehemann. Wäre da nicht dieser Verkehrsunfall mit Fahrerflucht im Drogenrausch, der Kevin nicht nur in aller Öffentlichkeit von seiner übelsten Seite und im Widerspruch zu allen *Onkelz*-Texten präsentierte, sondern auch offenbarte, dass der bereits mehrfach verkündete Ausstieg aus dem Drogenkonsum gelogen war. Die Glaubwürdigkeit nicht nur Kevins, sondern der gesamten Band steht und fällt damit mit der Frage, ob ihr Sänger noch glaubwürdig und akzeptabel ist.

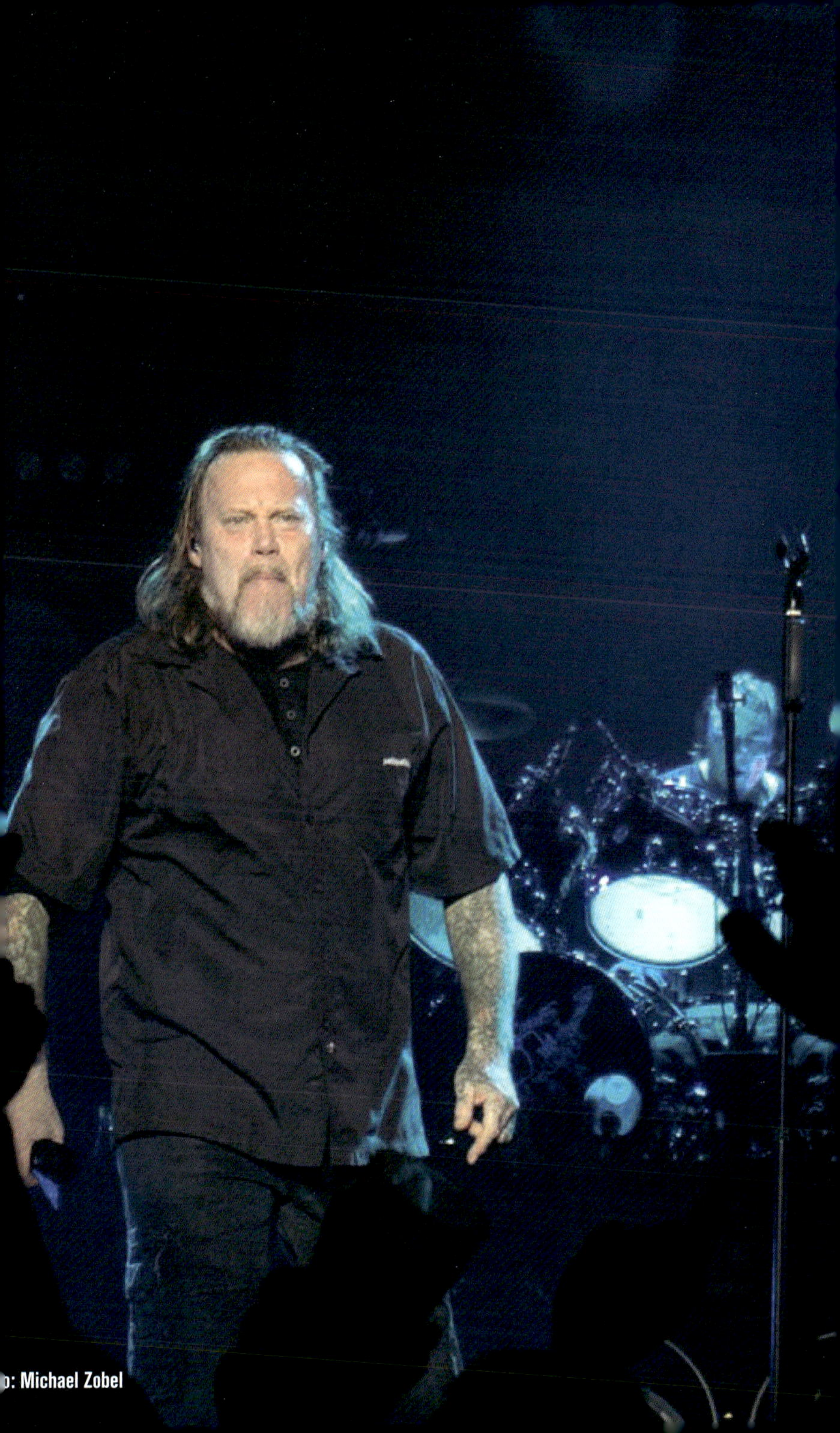

o: Michael Zobel

Ist auch Kevin heute noch glaubwürdig?

Ja, auch wenn er für viele nicht mehr als Vorbild taugt: Für acht von zehn *Onkelz*-Fans ist Kevin heute noch glaubwürdig, für knapp zwölf Prozent sogar „mehr als je zuvor".

„Nach seinem Unfall ja, vorher war er ein Junkie und dementsprechend verwirrt."

„Er hat durch seinen Alkohol- und kompletten Drogenentzug mich bestärkt, selbst keinen Alkohol mehr zu trinken (inzwischen zwei Jahre), und hat einen sehr harten Weg hinter sich. Es ist unbeschreiblich, was für eine Freude es ist, ihn auf der Bühne voller Energie zu sehen. Ich glaube ihm seine Reue bezüglich des Unfalls und bewundere ihn am meisten dafür, dass er den Drogen endgültig die Abfuhr erteilt hat."

„Er ist überhaupt erst glaubwürdig geworden für mich – und zum Vorbild – durch den positiven Entzug. Was nichts, was er getan hat, ungeschehen macht."

„Definitiv. Er ist der Beweis, dass man alles schaffen kann, wenn man an sich glaubt. Auch wenn er Mist gebaut hat, ist er mein Held."

„Gemessen an früher hat sich Kevin wirklich weiterentwickelt! Ich halte ihn für glaubwürdig, obwohl er nicht unbedingt die hellste Kerze ist; aber ich glaub, im Grunde will er ein Guter sein und ist es auch."

„Er hat schreckliche Dinge getan, aber er hat dafür ge-

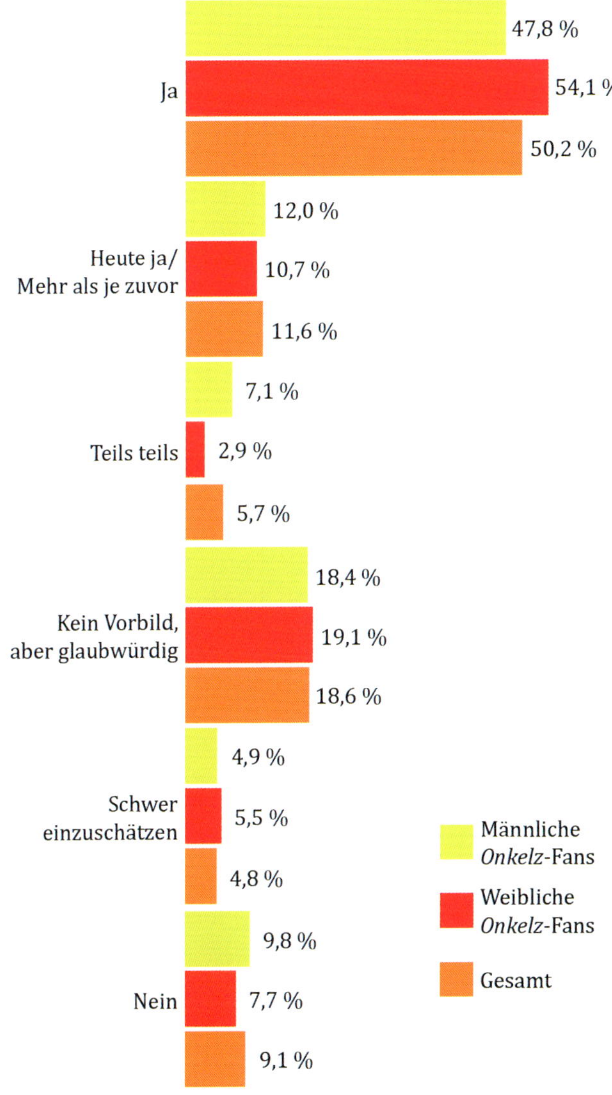

Abb. 10: Kevin Russell als Vorbild (1.859 Antworten)

sühnt und seine Strafe ertragen. Er hat sich gebessert und resozialisiert. Er ist damit das größte Vorbild, was man haben kann."

„Wenn er es wirklich geschafft hat aus diesem Drogensumpf, dann hatte dieser Unfall am Ende, trotz aller Tragik, auch etwas Gutes. Er kann vielen Menschen Vorbild sein, die ähnlich asozial dahinvegetieren wie Kevin vor dem Unfall."

„Kevin ist in vielen Belangen des Lebens einfach gescheitert, und halt zu oft an Drogen ... Aber ich bin davon überzeugt, dass viele Menschen von ihm lernen können, ob als abschreckendes Beispiel oder durch seinen letzten Weg aus dem Drogensumpf. Auf seinem ersten Solo-Konzert in Oberhausen sagte er: ‚Jeder Mensch kann es schaffen; wenn selbst ich es geschafft habe, schafft ihr es auch.' Also ja, ich halte ihn für glaubwürdig."

„Schwere Alkohol und Drogenabhängigkeit ist eine Krankheit, aus der nur wenige einen Ausstieg schaffen. Er hat meinen höchsten Respekt!"

„Ja. Aber erst, seitdem er ernsthaft angefangen hat, seine Dämonen zu bekämpfen."

„Kevin ist das beste Beispiel für ‚hoch geflogen und tief gefallen'. Der Mann ist verdammt tief gefallen und hat trotzdem wieder die Kurve bekommen! Andere hätten sich an seiner Stelle aufgegeben. Ich finde, davon können sich so ziemlich alle eine Scheibe abschneiden. Natürlich sind Dinge geschehen, wo man sich fragt, ob sein Vogel im Schädel nicht genug Wasser bekommen hat. Aber für mich zählt, was unter dem Strich steht. Ich hoffe inständig, dass er den guten Weg beibehält. Für mich ist Kevin glaubwürdig und Fehler machen menschlich."

„Ich denke, er hat aus seinen Fehlern gelernt, bereut, was er getan hat. So wie er heute ist – clean und bei Sinnen –, ist er für viele Suchtkranke ein Vorbild. Wie es wirklich in ihm aussieht und ob er je wieder zu Drogen greifen wird, weiß nur er selbst. Ich glaube aber an ihn und glaube auch fest daran, dass er es schafft, für immer clean zu bleiben, und ich hoffe sehr, dass es ihm ernst ist."

„Aus meiner Sicht ist er das. Auch ich habe/hatte meine Laster und nun, wo er so lange clean ist und seinen Drang nach Leben transportiert, ist das für mich glaubwürdig. Ich denke immer wieder, der Mann hat es geschafft, den Tod zu überlisten, also kann ich das Leben auch ertragen mit seinen Höhen und Tiefen. Aber ich hätte gern auf dieses Vorbild verzichtet, wenn damit der Unfall hätte verhindert werden können. Das kann und werde ich nicht tolerieren. Aber das ist nicht Kevin, das war ein dramatischer Moment seines Lebens; ich werde diesen Moment nicht als Gesamturteil nehmen. Kevin ist und bleibt ein Junkie im täglichen Krieg mit sich selbst und er ist auf der Gewinnerseite. Das ist es doch, was die *Onkelz* ausmacht, der Zusammenhalt auch in den dunkelsten Stunden, die Toleranz untereinander auch bei unverzeihlichen Ereignissen, die

Freundschaft, die den Einzelnen stützt, das Leben, was ohne den anderen doch nicht ganz ausgefüllt wäre."

„Er hat mich sehr enttäuscht. Ich war sehr wütend und traurig über das, was da geschehen ist. Schade, dass es erst zu solch einem schrecklichen Unglück kommen musste, bis er die Kraft fand, von diesem Teufelszeug loszukommen. Ich werde nie verstehen, wie ein Mensch sich das antun kann. Zugleich bewundere ich auch das, was er seitdem geschafft hat. Das war ein langer Kampf und er ist auferstanden wie Phönix aus der Asche. Anders kann ich es nicht beschreiben. Ob er noch für mich glaubwürdig ist? Ja."

„Glaubwürdig ja, aber der Hellste ist er nicht gerade."

„Ja. Als Rechtsanwalt und Strafverteidiger ist das für mich nach Verbüßung seiner Strafe nicht nur eine Selbstverständlichkeit, sondern gerade in seinem Fall auch nahezu lehrbuchartig nachvollziehbar und glaubwürdig."

„Glaubwürdig ist er auf alle Fälle. Er ist echt. So wie ich das sehe, ist Kevin ein zerfressener und von Dämonen getriebener, was ihn aber nicht zu einem schlechten Menschen macht. Ich schätze ihn mal dreist als sehr sensiblen und gleichzeitig extrem impulsiven Menschen mit starker destruktiver Kraft ein. Die Silvesternacht schießt natürlich jeden Vogel ab und ist schwer zu verzeihen. Wir müssen ihm aber auch gar nicht verzeihen. Das müssen die Opfer und vor allem er selbst tun. Ich bin dafür, jedem eine neue Chance zu geben, weil ich an Heilung glaube und dass tiefster Fall und höchster Flug dem Menschsein inne leben. Und manche fallen eben tiefer als andere. Das macht ihn aber vor allem eines: Interessant. Eine Urkraft, die nicht zu töten ist. Bestimmt kein großer Philosoph, aber jemand, der Kräfte und Energien aktivieren kann, von denen die meisten von uns keine Ahnung haben. Ich hätte mir gewünscht, dass da mehr kommt als ein *Veritas-Maximus*- und ein *Onkelz*-Lied, die sich beide intensiv mit seiner Suchthölle befassen. Gut und richtig natürlich, großartige und wichtige Songs, dennoch hätte ich mir darüber hinaus noch eine Aussage gewünscht, die das tiefe Bedauern und das Schuldgefühl gegenüber den Opfern ausdrückt. Vielleicht ist dies in einem persönlichen Gespräch ja schon längst geschehen und soll nicht an die große Glocke gehängt werden, wer weiß. Ich mag mir mit meinem kleinen Kenntnisstand auch nicht zu viel Beurteilung anmaßen."

„Heute mehr denn je. Der Mann ist durch die Hölle gegangen und jahrzehntelang vor seinen Dämonen davongelaufen. Heute stellt er sich ihnen und kann das auch wunderbar und glaubwürdig vermitteln. Wenn er heute auf der Bühne steht und von Drogenexzessen singt, wissen wir alle, wie wahr das ist. Und das sowas früher oder später böse schiefgehen kann. Mit den Konsequenzen muss er jeden Tag leben. Psychisch, physisch. Wenn Kevin sagt: ‚Lasst die Finger von den Drogen', dann weiß er, wovon er spricht. Von jemandem wie Kevin klingt das tausendmal glaubwürdiger als von einem Sozialarbeiter, der in seinem Leben noch keinen einzigen Joint geraucht hat. Und es zeigt mehr als deutlich, dass man auch aus der tiefsten Sucht einen Ausweg finden kann.“

Nur rund zehn Prozent der Fans halten Kevin für nicht glaubwürdig:

„Kevin hat viel an Glaubwürdigkeit eingebüßt und das zurecht, damit muss er leben. Ich bewundere aber, dass er sich immer wieder hochkämpft.“

„Kevin war noch nie ein großer Sympathieträger für mich. Er singt halt.“

„Ein Wort auf der Bühne über seine Unfallopfer fehlt bis dato.“

„Ich hätte mir von Kevin eine öffentliche Entschuldigung den Opfern des von ihm verschuldeten Autounfalls gegenüber gewünscht, stattdessen lässt er sich feiern. Ich habe allerdings großen Respekt vor seiner Zähigkeit, dass er nach all den Jahren der Drogenabhängigkeit, dem Koma und seiner Haftstrafe wieder auf die Füße gekommen ist.“

„Ich gönne ihm zwar sein jetziges Leben, muss ihn aber nicht über alles erheben, nur weil er jetzt (vermutlich) trocken ist. Das Abfeiern von Kevin (auch durch Weidner) war mir auf der letzten Tour ehrlich gesagt zu viel. Der Typ hat verdammt viel Scheiße gebaut. Da wäre etwas mehr Demut angebracht. Oder zumindest sollte man dabei auch mal bedenken, dass ohne den Unfall sein jetziges Leben vermutlich nicht so gelaufen wäre. Sofern er überhaupt noch leben würde."

„War Kevin in der Vergangenheit denn besonders glaubwürdig? Als Sänger, der nur die Texte, die jemand anders geschrieben hat, singt, war das für mich schon immer etwas komisch. Die ganze Drogengeschichte, die dann in der unsäglichen Unfallflucht gipfelte, hat schon einen sehr faden Beigeschmack. Ich hoffe allerdings, dass Kevin inzwischen auf dem richtigen Weg ist und es keine Rückfälle mehr geben wird."

„Weißt du, wer so viel Scheiße baut und immer wieder davon spricht, clean zu sein, und dann stellt sich heraus, dass es nicht so ist ... Was von allem soll man noch glauben? Ich saß auf Arbeit, dort verkauften wir die *Bild*. Auf dem Titel stand was mit *Böhse Onkelz*/ Kevin Russell und darunter ein zerstörter Audi R8. Ich hielt die Zeitung geschockt in der Hand und bin vor Wut in Tränen ausgebrochen. Die Bilder der Gerichtsverhandlung waren der nächste Schock und ich habe genauso reagiert. Kevin, der mir über Jahre so verdammt nah war, war auf einmal so extrem weit weg. Mir kommen selbst jetzt die Tränen, wenn ich daran denke. Er scheint sich gefangen zu haben, sieht gut aus und ist bester Kondition. Aber er hat viel, sehr viel, zerstört. Das Gefühl ist gemischt: Ich würde ihm gern ordentlich eine knallen – ich würde ihn aber auch danach in den Arm nehmen und festhalten ..."

„Ich mag Kevin sehr, aber ich verstehe nicht, warum so viele Leute ihn vergöttern. Ich finde es toll, wie Kevin sich alles zurückerkämpft hat, und habe wohl ab und an auch mal ein Freudentränchen verdrückt, als die Lebenszeichen nach und nach kamen. Trotz allem bin ich der Meinung, dass Kevin seine Glaubwürdigkeit und seinen Stand, den er nun in der Gesellschaft bzw. vor seinen Fans wieder hat, fast vollkommen Stephan zu verdanken hat. War es jemals glaubwürdig, wenn Kevin auf der Bühne stand und einen Song über seine ‚besiegte' Heroinsucht sang, den Stephan geschrieben hat? Ich bin mir da nicht sicher ..."

„Diese Eskapaden der Stars sind doch nichts Neues. Kevin sticht sicherlich heraus. Der ist einfach extrem und reißt auch noch immer andere Leute mit rein. Ein Vorbild war Kevin sicherlich nie. Er ist auch nicht jemand, von dem man viel Gutes erwarten würde. Aber wenn er singt, berührt er Herzen, da brauchen wir ihn, genauso wie er uns braucht."

„Das, was er da angerichtet hat, kann man nicht einfach mit dem Satz ‚Ich hab aus meinen Fehlern gelernt' abtun."

„Aufgrund meines Berufes weiß ich, dass Menschen Fehler machen, diese bereuen können und sich ändern. Daher kann ich erst mal vorurteilsfrei auf jeden Menschen zugehen. Ich sehe nur das öffentliche Bild von Kevin, dies weckt bei mir den Anschein, als hätte er nichts gelernt. Ob das wirklich so ist, weiß ich aber nicht, weil ich ihn nicht persönlich kenne."

„Dass er immer wieder die Kurve aus seinen Abgründen schafft, finde ich bemerkenswert. Als öffentliche Person aber, zu dem so viele aufsehen, hätte ich mir deutlichere Aussagen und Aktionen mit Blick auf seine Taten gewünscht. Man kann nicht alles mit Drogen entschuldigen. Ob hinter der Öffentlichkeit dahingehend etwas gemacht wurde, weiß ich nicht, aber als öffentliche Person ist mir das deutlich zu wenig. Spricht man mit Fans, tun viele diese Taten einfach ab. Aber so einfach finde ich das nicht."

„Sollte er von den Drogen weg sein, wäre das super. Aber sein ständiges Gerede vom ‚Phönix aus der Asche' und darüber, wie es ohne Drogen jetzt ist, war etwas zu viel und ging zu lange. Ich würde mich nicht für ihn verbürgen."

Rund zehn Prozent der Fans beantworten die Frage nach Kevins Glaubwürdigkeit mit „teils teils" bzw. zeigen sich unsicher, ob das seit 2014 demonstrativ präsentierte öffentliche Bild von Kevin als reuevoll und clean nur eine Inszenierung ist oder schon Realität:

„Kann ich im Augenblick schwer einschätzen. Aber er sollte jetzt seine letzte Chance nutzen und sich glaubwürdig machen."

„Boar, das ist sehr schwer ... Menschen in einem brennenden Auto zurücklassen und sich vor der Verantwortung drücken ist für mich unbegreiflich!!! Sich aus dem Drogensumpf zu ziehen, verlangt wiederum Respekt. Ich vermute, wäre er kein *Onkel*, würde ich ihn wohl nicht achten. Dennoch hängt er im Schlafzimmer, übergroß mit gerecktem Mittelfinger."

„Der Unfall und seine Fahrerflucht haben die Glaubwürdigkeit stark beschädigt. Aber dass er den Drogenentzug geschafft hat und bis heute clean geblieben ist, baut seine Glaubwürdigkeit wieder etwas auf."

„Er war immer einer meiner Helden. Aber ich wünschte mir sehr ein eindeutiges aufklärendes Wort zu dem Unfall. Dass er damals nach dem Unfall abgehauen ist, kann ich nachvollziehen, denn er war Junkie und nicht Herr seiner Sinne. Aber heute sollte er schon den Arsch in der Hose haben, sich zu äußern – wie es sich für einen *Onkel* gehört."

„Der Unfall und der darauffolgende Prozess haben gezeigt, was Drogen aus einem Menschen machen können. Keiner, der die Bilder von damals gesehen hat, konnte glauben, dass dieser Mensch derselbe war, der noch kurz davor Konzerthallen zum Beben brachte und die Fans in seinen Bann zog. Er kann seine Drogenvergangenheit und den Unfall nicht ungeschehen machen. Von daher kann man nicht von Vorbild sprechen. Vorbildlich ist aber, dass er versucht, ein besserer Mensch zu werden und aus den Fehlern seiner Vergangenheit zu lernen."

„Kein Konzert gegen Rechts“

Während für die Fans hauptsächlich Kevins Entwicklung bedeutsam ist, ist für die allgemeine – und vor allem kritische – Öffentlichkeit die Frage relevanter: Wie glaubwürdig ist der Wandel der Band? Tarnen sie sich nicht nur aus kommerziellen Gründen? Sprechen sie nicht immer noch ‚rechte‘ Fans an, die das anti-rechte Engagement der Band als Doublespeak durchschauen und wissen: Eigentlich gehören die *Onkelz* immer noch zu uns ...

Die Umfrage ergibt ein anderes Bild: Neun von zehn Fans finden es gut, dass sich die *Onkelz* gegen Rechtsextremismus und für Geflüchtete aussprechen.

Findest du es gut, dass sich die *Onkelz* gegen Rechtsextremismus aussprechen und für Geflüchtete engagieren?

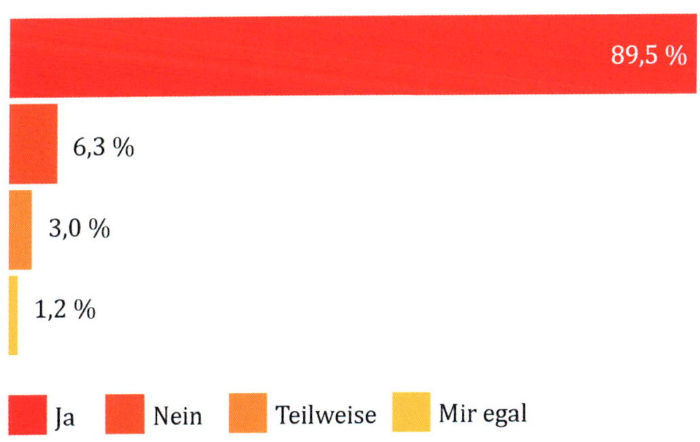

Abb. 11: Haltung der Fans zum Engagement gegen Rechtsextremismus und für Geflüchtete (1.529 Antworten)

„Gerade in Zeiten, in denen sich die Welt im Umbruch befindet und radikale Partien wieder im Aufwind sind, ist es wichtig, einen Fels in der Brandung zu haben. Das sind für mich die *Onkelz*, und ich finde es super, wenn sie sich für Menschen, die Hilfe benötigen, einsetzen sowie Zeichen gegen Rechtsextremismus setzen."

„Natürlich finde ich das gut, dass die Band sich gegen den Rechtsextremismus ausspricht und für Geflüchtete engagiert (ich habe selber arabische Vorfahren – mein Vater), aber wenn ich als 52-jährige Frau erzähle, dass ich Fan der *Onkelz* bin, geht es trotzdem gleich los: ‚Wie *Onkelz* – die sind doch rechts ...'"

„Ich finde es sehr gut. Und vor allem finde ich gut, dass sie es nicht nutzen, um ihr Image aufzupolieren und ihre Vergangenheit in der Presse ‚wiedergutzumachen', sondern es eher im Stillen tun."

„Ich finde, die Band sollte noch viel mehr zeigen, dass wir Fans keine Rechten unter uns wollen!"

„Finde ich nur folgerichtig, dass sich Geächtete für andere Geächtete einsetzen!"

Einige Fans kritisierten sogar, dass die Band zu wenig Engagement in dieser Richtung zeigt. So entspann sich anlässlich meiner Umfrage auch in einer *Facebook*-Gruppe sofort eine kurze Diskussion darüber:

Hikari: Bei der Frage musste ich echt Lachen. Wo bitte tun sie das. hab ich irgendwas die letzten jahre verpasst? bis auf einen brief von weidner hab ich nichts gesehen oder irre ich mich da voll und ganz und ihr wisst, was die meinen?

Simon: Weidner tut das ständig

Hikari: Was tut er? In einer Sendung auf Flüchtling tun 2012 oder einen Brief schreiben. Aber wirklich mal wieder was machen gegen Rechts. So wie es bis 2005 war. Da seh ich nichts. Kein Konzert gegen Rechts. Keine Projekte mehr für Kinder in Südamerika. Da waren die *Onkelz* bis 2005 aktiv. Seit 2014 geht es doch nur noch um Kohle. Kauft das oder das. Mehr hörst doch nicht mehr von *B.O.* Schau dir die *B.O* Seite an und sag mir mal einen Artikel, wo es nicht um Konsum geht seit 2014. Wo sie sich für wohltätige Zwecke einsetzen.

Katie: Entschuldige mal, aber die Reunion fand erst 2014 statt. Das alles ist erst 3 Jahre her. Also bleibt cool😎 Da kommt bestimmt wieder einmal was

Katie: Ach ja ... Und die Ansage von Weidner, glaube das war 2015, bezüglich den farbigen Ringmitarbeitern – das gehört auch in diese Kategorie, finde ich. Nicht vergessen 😉

Kai: Joa Katie, ganz unrecht hat Hikari aber nicht. Nen Beitrag kommt nur noch, wenn es was zu kaufen gibt und zum Rest .... naja von Ibiza aus sagt sich das leicht 😉 leider ist es nunmal so.

Hikari: richtig, sie sind schon wieder 3 jahre auf'n markt. in den 3 jahren kamen 2 briefe von weidner, wie scheiße die leute doch sind. und dass so was nicht geht. aber nach den briefen kam nichts. wenn er so was scheiße findet, dann soll er auch was tun. große reden schwingen, das kann er. mehr aber auch nicht. leider. der stephan von 1980 bis 2005 hat nicht nur reden geschwungen, sondern auch gehandelt. '93 konzert gegen rechts bremen. mehrere sozialprojekte für bedürftige. da kamen nicht nur news: es gibt eine neue cd, lp oder irgendwo ist irgendwann mal ein konzert. Nein, da waren news dabei: haben heute eine schule eröffnet in peru. wer lust hat, kann uns unterstützen. ich höre immer, die *onkelz* haben sich weiterentwickelt, ich frag mich nur wo hin. wohin geht die entwicklung. in eine reine geldmaschine ohne herz und ohne verstand. genau so kommt es mir vor. wenn stephan das thema so wichtig ist, warum hat er nicht ein lied geschrieben über das thema. aber wenn ein fc 2017 immer noch die *onkelz* als rechts bezeichnet und die vier es so stehen lassen im raum, dann kann ich über die frage von herrn farin leider nur lachen. denn die *onkelz* tun bis jetzt nichts gegen rechts. und für die flüchtlinge erst recht nicht. aber warum auch. ist ja ein deutsches problem und kein spanisches. das geht an die adresse des herrn w.

Es gibt auch Stimmen, die das Engagement der Band nicht nur bezweifeln, sondern nur bedingt begrüßen. Die Zustimmung zum Engagement „gegen Rechtsextremismus" ist größer als die zum Part „für Geflüchtete".

„Gegen Rechtsextreme ist absolut gut. Für Flüchtlinge wird meiner Meinung nach genug getan. Zumal viele der Geflüchteten reine Wirtschaftsflüchtlinge sind."

„Ich finde es schade. Seit ‚Ohne mich' dachte ich, diese Band ist die politische Mitte. Aber eigentlich sind es doch Linke."

„Gegen rechts find ich gut; das andere nur bedingt."

„Nein, sie sollten endlich aufhören mit diesem Politikscheiß und Rechtfertigungen."

Knapp jeder fünfte *Onkelz*-Fans wünscht sich, dass die Band generell keine politischen Themen anspricht. Diese interessieren sich meist selbst nicht für Politik (bzw. was sie als solche definieren) und sehen politische Themen und Positionierungen als „Spaßbremse", die nur unnötige Konflikte unter den Fans produziere und einen Keil zwischen die Familienmitglieder treibe. Erfahrungsgemäß – und das bestätigt auch eine stichprobenhafte genauere Analyse ihrer jeweiligen *Facebook*-Profile – handelt es sich dabei überwiegend um Fans, die selbst ideologisch eher rechts stehen und Positionen verinnerlicht haben, die heute als „gruppenbezogene Menschenfeindlichkeit" bezeichnet werden, also zum Beispiel Menschen mit großen Ressentiments gegenüber Fremden und einer oft pauschalen Ablehnung der Hilfe für (muslimische) Geflüchtete, die aber eine Konfrontation und Auseinandersetzung mit Andersdenkenden möglichst vermeiden wollen.

Sie stehen damit allerdings im Widerspruch zur Mehrheit der Fans, die gerade eine gesellschaftskritische Positionierung der Band und die entsprechenden Lieder sehr schätzen („Lieder mit Aussage, *Stachel im Arsch der Nation*, und nicht so ein blöder Discoschlagerscheiß"), und sich auch selbst als (sehr) politisch interessiert einschätzen.

> „Sie schwimmen nicht mit dem Strom – immer noch nicht, und das ist gut so. Selbst *Slime*, wenn sie mal ein Interview geben, klingen heute wie eine SPD-Band. Die einzige Ausnahme unter den bekannteren Bands, die sich noch eine radikalere Kritik an den Zuständen leisten, sind wohl *Feine Sahne Fischfilet* – und die *Onkelz*."

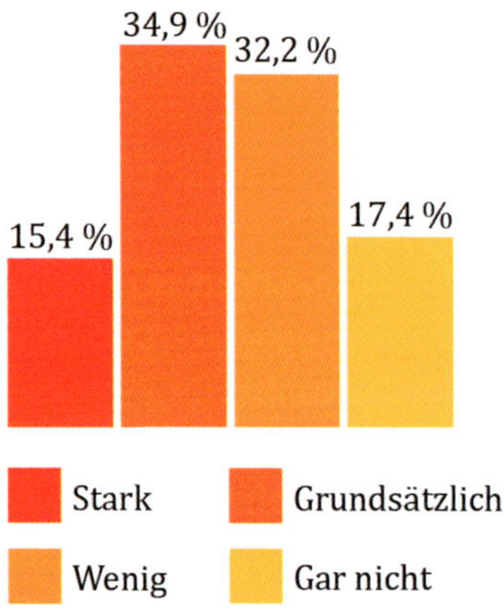

Interessierst Du Dich für Politik?

Abb. 12: Politisches Interesse der Onkelz-*Fans (1.796 Antworten)*

Beobachtungen auf Konzerten, aber auch diese Umfrage zeigen, dass es auch Rechtsextreme unter den *Onkelz*-Fans gibt. Allerdings hat deren Zahl bereits seit den Neunzigerjahren sprunghaft abgenommen. Skinheads etwa sieht man generell kaum noch auf *Onkelz*-Konzerten, und damit auch deren rechte Fraktion nicht. Die Band und die Skinheadkultur haben sich längst auseinandergelebt. Auch die Rezeption in Neonazi-Foren und -Magazinen – online wie offline – tendiert gegen null. Eine von mir 2014 wiederholte Befragung von Angehörigen der rechtsextremen Szene zeigte, dass die Band heute für diese keine Relevanz mehr hat – geblieben ist lediglich bei wenigen älteren und der Skinheadszene entstammenden Rechtsextremen eine nostalgische Reminiszenz an die eigene Jugendzeit.

Auch bei der Befragung der heutigen *Onkelz*-Fans nach ihren Lieblingsbands neben den *Onkelz* spielten Rechtsrock- und andere Neonazimusiker keine signifikante Rolle: Von mehr als 3.200 Nennungen betrafen lediglich 0,9 Prozent entsprechende Bands. Die große Mehrzahl der *Onkelz*-Fans bevorzugt andere Metal- und Deutschrockbands.

Frei.Wild, Metallica, Rammstein, Broilers – was *Böhse-Onkelz*-Fan hören, wenn sie einmal nicht *Böhse Onkelz* hören

Jeder vierte *Onkelz*-Fan beantwortete die Frage, ob er/sie noch Fan anderer Bands sei, schlicht mit „nein“ – und bei nicht wenigen schwang deutlich Empörung mit ob der Unterstellung, sie könnten noch anderen Göttern huldigen als den *Onkelz*.

> „Ich höre prinzipiell nur *Onkelz* und Radio.“

> „Ich besitze keine anderen Tonträger als die der *Onkelz* und ihrer Soloprojekte.“

„Ich höre zwar noch andere Bands und finde auch manche sehr gut, aber *Fan* bin ich ausschließlich von den *Onkelz*."

Wenn überhaupt andere halbwegs gleichwertige Fan-Leidenschaften zugestanden wurden, dann wurden hauptsächlich *Frei.Wild*, *Rammstein* und *AC/DC* genannt. Insofern müsste die passende Frage zu den Antworten der Fans eigentlich nicht „Bist Du noch Fan anderer Bands?" lauten, sondern: Welche Bands findest Du noch sehr gut?

Jeder zehnte Fan beantwortete die Frage mit „Deutschrock allgemein", jeder 15. mit „Metal" – wobei Bands, die sich selbst als Punkbands begreifen, wie die *Broilers* oder die *Toten Hosen*, von den Fans überwiegend als Deutschrockbands eingeordnet werden. Klare Trennungslinien zwischen den Genres lassen sich in der Tat kaum ziehen; die *Böhsen Onkelz* etwa, die als die Schöpfer und Väter des Deutschrock der zweiten Generation (nach Udo Lindenberg u. a. in den 1970er Jahren) gelten, bezeichnen sich selbst als „deutschsprachige Heavy-Metal-Band". Deutschrock – als Zwittergenre aus Punk und Metal – vereint, von Band zu Band sehr unterschiedlich, die Vorlieben für E-Gitarren-Soli und eine gewisse musikalische Virtuosität mit der Bedeutung sozialkritischer Inhalte in den Songtexten (bei eher simpler musikalischer Umsetzung) aus dem Punk. Die *Onkelz* haben hier allerdings ein Alleinstellungsmerkmal in der dominanten Bedeutung der Biographien der Musiker – bzw. vor allem ihres Sängers – in Kombination mit den Texten. Und: Sie sind das Original.

„Sie sind die *AC/DC* des Deutschrock – unsterbliche Helden und Schöpfer eines Genres."

Bist Du noch Fan anderer Bands?

Platz 1	*Frei.Wild*
Platz 2	*Metallica*
Platz 3	*Rammstein*
Platz 4	*Broilers*
Platz 5	*Kärbholz*
Platz 6	*Unantastbar*
Platz 7	*Krawallbrüder*
Platz 8	*AC/DC*
Platz 9	*Motörhead*
Platz 10	*In Extremo*
Platz 11	*Der W*
Platz 12	*Iron Maiden*
Platz 13	*Tote Hosen*
Platz 14	*Hämatom*
Platz 15	*Toxpack*
Platz 16	*Betontod*
Platz 17	*Five Finger Death Punch*
Platz 18	*Linkin Park*
Platz 19	*Veritas Maximus*
Platz 20	*Haudegen*

Abb. 13: Andere Lieblingsbands der Onkelz-*Fans*

„Ich könnte mein ganzes Leben in *Onkelz*-Liedern beschreiben“

Die Frage nach den Lieblingsliedern war offenbar für die meisten Fans die härteste des gesamten Fragebogens.

„Ein Lieblingslied? Das ist so wie die schönste Schneeflocke auszuwählen.“

Mein absolutes Lieblingslied von den *Onkelz*

Platz 1	Auf gute Freunde
Platz 2	Nur die Besten sterben jung
Platz 3	Erinnerungen
Platz 4	Mexico
Platz 5	Stunde des Siegers
Platz 6	Kirche
Platz 7	Bin ich nur glücklich, wenn es schmerzt
Platz 8	Buch der Erinnerung
Platz 9	Der Platz neben mir
Platz 10	Nichts ist für die Ewigkeit

Abb. 14: Die Top 10 der Onkelz*-Lieder (2.036 Antworten)*

Die Favorite 10 der männlichen und weiblichen Fans unterscheiden sich kaum – mit drei bedeutenden Ausnahmen: Die Fußballhymne „Mexico“ aus dem Jahr 1985 ist bei den männlichen Fans deutlich populärer als bei den weiblichen, „Bin ich nur glücklich, wenn es schmerzt“ vom 1998er Album *Viva los Tioz* schafft es bei den männlichen Fans nur gerade eben in die Top 10, bei den weiblichen auf Platz 4, „Buch der Erinnerung“ (*Heilige Lieder*, 1992) ist bei weiblichen Fans erheblich beliebter als bei männlichen.

Die Top 10 der männlichen *Onkelz*-Fans

Platz 1	Auf gute Freunde
Platz 2	Erinnerungen
Platz 3	Nur die Besten sterben jung
Platz 4	Mexico
Platz 5	Stunde des Siegers
Platz 6	Kirche
Platz 7	Nichts ist für die Ewigkeit
Platz 8	Der Platz neben mir
Platz 9	Bin ich nur glücklich, wenn es schmerzt
Platz 10	Buch der Erinnerung

Abb. 15 Die Lieblingslieder der männlichen Onkelz-*Fans*

Die Top 10 der weiblichen *Onkelz*-Fans

Platz 1	Auf gute Freunde
Platz 2	Nur die Besten sterben jung
Platz 3	Erinnerungen
Platz 4	Bin ich nur glücklich, wenn es schmerzt
Platz 5	Buch der Erinnerung
Platz 6	Kirche
Platz 7	Der Platz neben mir
Platz 8	Mexico
Platz 9	Auf die Freundschaft
Platz 10	Stunde des Siegers

Abb. 16: Die Lieblingslieder der weiblichen Onkelz-*Fans*

Bemerkenswert: Zwei Drittel der Begründungen für die herausragende Beliebtheit einzelner Lieder bezogen sich ausschließlich auf die Texte, nur zehn Prozent nannten ausschließlich die musikalische Komposition als Begründung. Das bestätigt erneut die enorme Bedeutung der Texte für die Fans. Hier beispielhafte Begründungen für die Top-10-Lieder:

Auf gute Freunde:

> „Der Text spricht einfach aus der Seele und ist zudem die Hymne der Szene."

> „Das Lied funktioniert einfach immer. Jeder kennt den Text! Egal, wo es gespielt wird, alle singen mit. Auch die, die keine *Onkelz*-Fanz sind. Das macht es zu etwas Besonderem. Für mich selbst bedeutet der Text sehr viel."

> „Man findet sich in vielen der Zeilen wieder und es hängen auch etliche Erinnerungen dran. Die Mischung aus Nostalgie und dem Blick nach vorn funktioniert für mich hier einfach perfekt."

> „Weil ich bei *Onkelz*-Konzerten Freunde fürs Leben gefunden habe."

> „Es kommt einfach immer großartig auf allen Partys, weshalb ich es auch mit meiner Band spiele."

> „Wahre Freunde sind so selten wie ein Sechser im Lotto und darum muss man sie gut hüten."

„Weil Freundschaft sogar stärker ist als Liebe."

„Es drückt den Werdegang vom exzessiv probierenden Jugendlichen zum erwachsen-vernünftigen Menschen aus."

Nur die Besten sterben jung:

„Weil meine große Liebe 2004 bei einem Unfall starb."

„Es half mir über den Tod meines Bruders hinweg."

„Das perfekte Lied, um Trauer zu bewältigen."

„Das war das Lieblingslied von mir und meiner Mutter, die 2010 leider plötzlich verstarb."

„Ich hab schon so viele liebe Menschen verloren und dieses Lied hilft innezuhalten und einfach mal den Gedanken freien Lauf zu lassen."

„Da ich meinen Lieblingscousin durch den Bürgerkrieg im ehemaligem Jugoslawien verloren habe und mir das Lied geholfen hat."

„Weil es, egal wie sehr ich mich anstrenge, bei jedem Konzert zu Heulanfällen führt, in Gedanken an die, die nicht mehr unter uns weilen. Grausam und schön."

„Dieses Lied ist für jeden geeignet, der einen geliebten Menschen verloren hat. Ich finde es gut, einen geliebten Menschen durch ein Lied unsterblich zu machen, und das haben sie damit geschafft."

„Auf der Fahrt mit der Familie zum *Onkelz*-Konzert in Wacken sind mein kleiner Cousin und seine Mutter tödlich mit dem Auto verunglückt. Dieses Lied ist eine Erinnerung, weil es auf der Beerdigung gespielt wurde."

Erinnerungen:

„Das Lied steht für Aufbruch und Zukunft."

„Weil es der Soundtrack zum Ausstieg aus der Skinheadszene ist, nicht ohne Melancholie und Wehmut, aber doch den Blick nach vorne gerichtet, allerdings ohne das, was gewesen ist, unter den Teppich zu kehren."

„Wer kennt nicht dieses unglaublich tiefe Loch, in das man fällt, und nichts bleibt außer der Erinnerung."

Mexico:

„Gehört einfach zu jeder Fußballparty dazu."

„Ich liebe Fußball!"

„Dieses Lied bedeutet für mich Party pur. Mit Freunden trinken und einfach nur zusammen sein."

„Das geilste Sommerlied überhaupt. Mukke an ... Fenster runter und Gas geben."

Stunde des Siegers:

„Immer wieder mal hat man diese Momente, in denen man etwas Besonderes geschafft hat. Prüfung, Job bekommen, etwas erreicht ... Da ist es genau dieses Lied, was das Gefühl noch mal pusht, intensiviert."

„Ich habe es oft vor Prüfungen oder Vorstellungsgesprächen gehört und bin selbstbewusster an die Sachen rangegangen."

„Weil ich am Boden war und in ein tiefes Loch gefallen bin, und mit diesem Lied kam ich heraus."

„Es spiegelt mein Leben: Erst der Kleine, auf den man ewig eingeprügelt hat und als ein Nichts hat stehen lassen. Doch eines Tages habe ich angefangen, auf diese Leute runterzuschauen durch das, was ich erreicht habe – ohne jemanden fertigzumachen und zu beklauen oder Sonstiges."

„Weil niemand an mich glaubte und ich es ihnen allen gezeigt habe."

„Weil meine Nichte es mit fünf auswendig konnte. Sie wusste nicht, was sie da singt, aber es war ihr Lieblingslied, wenn sie mit mir Auto fuhr. Heute ist sie 18 und ruft mich nachts an, wenn es auf einer Party gespielt wird."

Kirche:

„Weil es alles ausspricht, was auch ich über die Kirche denke."

„Ich will nicht behaupten, dass ich keinen Glauben habe, aber die Kirche brauche ich nicht."

„Weil ich meine Oma damit zur Weißglut bringen kann."

„Wer braucht jemanden, der nur lügt, betrügt und verarscht? Ich definitiv nicht."

„Es spiegelt die religiöse Heuchlerei wider."

„Weil ich Atheist bin und mit dieser verbrecherischen Institution rein gar nichts zu tun haben will."

„Dieses Lied ist ein gutes Beispiel dafür, dass die *Onkelz* aussprechen, was sich keiner traut."

„Weil es genau beschreibt, was ich über diese Firma denke! Ich bin zu 100 % Atheist und habe mich interessehalber intensiv mit dieser scheinheiligen Organisation befasst. Ein Buch zu verehren, das im Laufe der Zeit ständig angepasst, geändert, verfälscht wurde und sogar ganze Passagen einfach gestrichen und Propheten verleugnet werden, die schwarz auf weiß in der Bibel aufgeführt sind (Hesekiel), finde ich einfach nicht richtig, um es human auszudrücken!"

„Religion ist heilbar. Ich glaube an die Kraft der Musik."

„Ich wurde ultrakatholisch erzogen und das ist genau das richtige Lied dagegen."

Bin ich nur glücklich, wenn es schmerzt:

„Hat mir damals geholfen, über ein Beziehungsende hinwegzukommen."

„Weil es alles wiedergibt, was man falsch gemacht hat im Leben und nicht mehr ändern kann."

„Lief rauf und runter bei mir zu Zeiten meiner Trennung von meinem Mann."

„Weil jeder weitere Versuch, den Richtigen zu finden, bisher daran scheiterte, dass ich den Ersten nicht vergessen kann."

„Es spiegelt mich besser wider, als ich dachte."

„‚Gefühle sind paradox, aber Schmerz ist ein guter Lehrer. Emotionen und Logik gehen nicht gut zusammen. Kann man Trauer genießen? Wir glauben fast ja.' Zitat Stephan Weidner. – Kein anderes Lied hat mich jemals emotionaler berührt und so oft in schlechten Stunden begleitet."

Buch der Erinnerung:

„Ich fühle mich jedes Mal wieder jung und hab meine alte Clique vor Augen."

„Hat mich geprägt. Wenn du als Heranwachsender so was hörst, fragst du dich, ob dein Leben so verläuft, wie du es dir wünschst.“

Der Platz neben mir:

„Weil ich meiner Oma sehr nah stand, die aber vor drei Jahren gestorben ist, und einfach niemand kann den Platz meiner Oma einnehmen und ich vermisse sie jede Minute.“

„Weil ich oft an meine verstorbene Tochter denken muss.“

„Weil es so schön wehtut, es anzuhören.“

„Es verbindet mich mit meinem verstorbenen Verlobten.“

„Zu diesem Lied hab ich meinen Mann beerdigt.“

„Mein Papa ist vor drei Jahren gestorben und wir hatten zusammen sehr vieles gemeinsam, unter anderem unsere Lieblingsbands *Onkelz* und *AC/DC*. Und ich musste bei der Reunion ohne ihn hingehen, obwohl er eigentlich neben mir stehen hätte müssen und in so vielen Ereignissen in meinem Leben neben mir stehen würde. Das war sehr hart für mich.“

„Es ist sehr emotional, meine beste Freundin beging den Freitod. Ich habe das Lied daher gelebt. Gänsehaut, Tränen. Selbst in der Masse auf dem Hockenheimring.“

„Ich finde, es ist das schönste Lied, was man als Tribut an einen verstorbenen Freund singen/hören kann. Nirgendwo sonst wird so gut beschrieben, wie man sich fühlt, wenn ein geliebter Mensch stirbt, und auch die Fragen und Vermutungen, wo dieser jetzt wohl sein könnte, sind interessant. Die Erinnerungen an die gemeinsame Zeit werden wunderbar treffend beschrieben. Außerdem liebe ich den instrumentellen Part und die Zweiteilung des Liedes."

Nichts ist für die Ewigkeit:

„Weil es einen immer wieder vor Augen führt, dass alles vergänglich ist."

„Es zeigt auf, dass Vorurteile absoluter Mist sind."

„Weil es einfach eine fantastische Rockhymne ist."

„Musikalisch vielleicht das Größte, was die Band hervorbrachte. Vor allem live ein Muss: Erst ruhig, dann die Explosion in der Halle. Ein bisschen Selbstbeweihräucherung und Ironie gehörten schon immer zu den Texten."

Schon diese kleine Top-10-Zusammenstellung illustriert, wie sehr die Fans die Songtexte der *Onkelz* auf ihr eigenes Leben „übersetzen". Dies gilt durchgängig für alle Lieder der *Onkelz*: Ihre besondere Wertigkeit erhalten sie dadurch, wie gut sie zu den biografischen Erfahrungen und dem Alltagsleben der Fans passen:

„Da ich Borderliner bin und mir das Lied Kraft gibt." (zu: „Narben")

„Ich hab etliche Jahre auf der Straße gelebt, hab alles konsumiert, was ich zwischen die Finger kriegen konnte. Ich bin seit über zwei Jahren clean und bin noch länger in Therapie. Jeden Tag aufs Neue muss ich mit mir selber kämpfen, meine Dämonen besiegen. Und jeden Tag aufs Neue hab ich einfach nur Angst." (zu: „Nach allen Regeln der Sucht")

„Weil das Lied mein Leben beschreibt und ich das Gefühl habe, verstanden zu werden." (zu: „Viel zu jung", ein Lied gegen Kindesmissbrauch)

„Wenn ich mal wieder am Aufgeben und am Verzweifeln bin, dann hör ich dieses Lied, und es ist für mich, als würde ich von meinem besten Freund einen Anschiss kassieren, der mir die Kraft gibt, wieder aufzustehen." (zu: „Wenn du wirklich willst")

„Weil es ohne viel Worte ausdrückt, was ich durch meine Krankheit (Borderline) an manchen Tagen fühle." (zu: „Schutzgeist der Scheiße")

„Weil das mein damaliges, beschissenes Leben beschreibt. Jede einzelne Zeile! Als würde es in diesem Lied um mich gehen ..." (zu: „C'est la vie")

Zwiespältiges

Fan kommt bekanntlich von fanatisch, und somit sind Fan-Dasein und Kritik eigentlich nur schwer unter einen Hut zu bringen, erst recht, wenn die Identifikation mit den Musikern selbst so hoch ist und die Mehrheit der Fans ihre Lieblingsband sogar als persönliche Vorbilder ansieht. So antworteten auch rund 65 Prozent der Befragten auf die Frage „Gibt es ein *Onkelz*-Lied, das Dir absolut nicht gefällt?" mit „nein", fünf Prozent pauschal mit „einige der frühen". Allerdings – das ergab sich aus manchen Erläuterungen und stichprobenartigen Nachfragen – basieren diese Antworten fast immer auf dem von der Band offiziell veröffentlichten Material und hier auch noch vor allem auf den seit *Wir ham' noch lange nicht genug* (1991) veröffentlichten Alben. Die Demotapes (1981-83) und das offiziell veröffentlichte, aber seit 1986 verbotene Debütalbum *Der nette Mann* (1984) kennen heutige Fans überwiegend nicht mehr. Das liegt sicherlich daran, dass über 80 Prozent der heutigen *Onkelz*-Fans erst seit den 1990er Jahren zu dieser Band stießen und die Phase davor musikalisch wie textlich uninteressant bis grauenhaft fanden/finden. Obwohl die Mehrheit der Fans den Titelsong „Der nette Mann" kennt, weckte er offenbar nicht das Interesse am gesamten Album. Viele haben es sich einmal angehört und gleich wieder als uninteressant abgehakt. Auch die beiden nachfolgenden Alben *Böse Menschen – Böse Lieder* (1985) und *Onkelz wie wir* (1987) sind kaum verbreitet.

Gibt es ein *Onkelz*-Lied, das Dir absolut nicht gefällt?

Platz 1	Türken raus
Platz 2	Mexico
Platz 3	Der Junge mit dem Schwefelholz
Platz 4	Sie hat nen Motor
Platz 5	Wir bleiben
Platz 6	Bomberpilot
Platz 7	Kirche
Platz 8	Regen
Platz 9	Deutschland den Deutschen
Platz 10	Stöckel und Strapse

Abb. 17: Onkelz-*Lieder, die Fans gar nicht mögen (1.994 Antworten)*

***Onkelz*-Lieder, die männliche Fans gar nicht mögen**

Platz 1	Türken raus
Platz 2	Der Junge mit dem Schwefelholz
Platz 3	Wir bleiben
Platz 4	Mexico
Platz 5	Sie hat nen Motor
Platz 6	Kirche
Platz 7	Regen
Platz 8	Deutschland den Deutschen
Platz 9	Alles Fotzen außer Mutti
Platz 10	Dick und durstig

Abb. 18: Onkelz-*Lieder, die männliche Fans gar nicht mögen*

***Onkelz*-Lieder, die weibliche Fans gar nicht mögen**

Platz 1	Mexico
Platz 2	Bomberpilot
Platz 3	Türken raus
Platz 4	Sie hat nen Motor
Platz 5	Stöckel und Strapse
Platz 6	Der Junge mit dem Schwefelholz
Platz 7	Wir bleiben
Platz 8	Deutschland den Deutschen
Platz 9	Viel zu jung
Platz 10	Alles Fotzen außer Mutti

Abb. 19: Onkelz-*Lieder, die weibliche Fans gar nicht mögen*

Hier einige typische Begründungen:

Türken raus:

„Ich bin selber ein halber."

„Absolut rassistisch."

„Das Lied ist rechts, ich nicht."

„Sinnloser Mist, den damals sehr engstirnige Gedanken auf das Papier gebracht haben."

„Text scheiße, Melodie scheiße, ganzes Lied scheiße."

„Weil es rassistische Scheiße ist, war, bleibt."

„Weil es dumm und widerlich ist."

Mexico:

„Mexico" ist zugleich eines der beliebtesten *Onkelz*-Lieder (Platz 4) und dasjenige, das die *Onkelz*-Fans am meisten nervt. Das 1985 zur kommenden Fußball-WM '86 veröffentlichte Lied ist das letzte von den *Onkelz* geschriebene Fußballlied überhaupt und steht wie kein anderes für die von Sorgen ungetrübte Party- und Trinklieder-Phase der frühen *Onkelz*.

> „Es nervt! Fußball interessiert mich nur alle zwei Jahre, dann auch nur als Randnotiz. Die Fans mit ihrer permanenten Forderung nach diesem Song, welcher rein musikalisch echt nicht der Knaller ist und nur über dieses leidige Thema Fußball funktioniert, konnte ich noch nie verstehen. Ebenso dieses exzessive Pogen bis die Nasen bluten auf Konzerten in genau diesen 20 Sekunden dieses Songs, an denen sie von Stephan aufgefordert werden ..."

> „Ich kann es nicht mehr hören, es wird in jeder Kneipe oder Kirmes gespielt."

> „Wahrscheinlich ist es das Ausrasten der besoffenen Fans, was mir dieses Lied so madig macht."

> „Ich hasse Fußball."

> „Früher sehr gerne gehört, aber inzwischen ist es für mich ein ‚Möchtegern-Fan-Lied' einer Generation, die nur ein *Onkelz*-Lied kennt und nur zum Saufen auf Konzerte geht."

„Dieser Song geht nicht nur Stephan und Kevin auf die Eier, mir auch! Er wird vor dem Konzert, während der Vorbands, mitten im Konzert und danach von volltrunkenen Menschen gegrölt. Als gebe es unter den Hunderten von *Onkelz*-Songs nur diesen einen. Es nervt langsam. Viele kennen nicht mal die zweite Strophe. Zur WM-Zeit okay, aber immer? Ich wäre dafür, dass sich die Leute mal was Neues einfallen lassen. Vor den Hallen könnte man auch mal ‚Ohne Mich' oder so anstimmen, dieses würde bei den vorbeigehenden Leuten sicher mehr Aufmerksamkeit und Gehör verschaffen. Des Weiteren einen besseren Eindruck von den Fans. Es muss nicht sein, dass Leute vor dem Konzert schon so zu sind, dass sie vom eigentlichen Konzert nichts mehr mitbekommen."

Bomberpilot:

Stephan Weidner erklärte schon 1996 im *B.O.S.C. Fanzine*: „‚Bomberpilot' ist ein Antikriegslied, das den Wahn beschreibt, auf schwarze Punkte am Boden Bomben zu schmeißen." Allerdings wurde das vermutlich durch den Song „Bomber" von *Motörhead* inspirierte Lied aufgrund seiner aggressiven Interpretation durch Kevin schon häufig missverstanden – auch von *Onkelz*-Fans.

„Weil man niemandem den Tod wünscht."

„Ich hasse Krieg."

„Sinnfrei."

Für viele *Onkelz*-Fans ist es schlicht ein Party-Lied zum Pogen und Mitgrölen. Hier Begründungen aus der Positivauswahl:

> „Es ist super zum Feiern."

> „Ein Partyknaller!"

> „Mann kann seine Aggressionen rauslassen."

> „Einfach nur Freidrehen im Pit. :)"

> „Weil man es auch besoffen am besten mitbrüllen kann."

> „Weil es diese typische Art der *Onkelz* widerspiegelt. Sie sind supergut drauf, etwas verrückt und bringen trotzdem damit eine Botschaft rüber, die viele nicht verstehen. Manche sagen vielleicht, dass es ein Lied für Bomben und Krieg ist, aber dass sie eigentlich genau das Gegenteil damit bezwecken wollen, wird für einige ein ewiges Geheimnis bleiben, weil sie mit ihrer Starrsinnigkeit keine neuen Blickwinkel zulassen."

Der Junge mit dem Schwefelholz:

Ein Lied vom 2016er Album *Memento*, dem bisher musikalisch wie textlich komplexesten Album der *Onkelz*, das Stephan Weidners in seiner Solo-Phase als *Der W* gewonnene Freiheiten widerspiegelt. Trotz großen Verkaufserfolgs wurden viele Fans mit dem Album nicht warm.

„Dieser Song passt einfach nicht zu den *Onkelz*, weder textlich noch musikalisch“

„Er passt vom Inhalt nicht zu den *Onkelz*.“

„Weil es anders ist als alle anderen *Onkelz*-Songs. Es passt nicht.“

„Spricht mich überhaupt nicht an, weder Text noch Melodie.“

„Kann ich gar nicht genau sagen, ich komme einfach nicht ran an dieses Lied.“

„Der Song ist lang und langatmig, der Text zu komplex gestaltet, so dass man das Gefühl hat, ein schweres Buch zu lesen, wo man am Ende der Seite nicht mehr weiß, was am Anfang stand.“

Wir bleiben:

Der erste *Onkelz*-Song nach der Wiedervereinigung, das einzige neue Lied, das sie bei ihrem Comeback-Konzert auf dem Hockenheimring 2015 präsentieren konnten.

„Billig zusammengeschustert.“

„Hat nicht den *Onkelz*-Style ... Mit schneller Feder geschrieben.“

„Ein schlecht gemachtes Kommerzlied.“

„Aus diesem Text hätte man so viel mehr machen können. Man hätte viel mehr Gefühle und Emotionen reinpacken können. Stephan hätte sich bei diesem Text etwas mehr Zeit lassen sollen. Dann wäre er sicher besser geworden."

„Da ist einfach alles grausam: Text, Sinn und Musik."

Sie hat nen Motor:

„Absolut sinnloser Text."

„Männersong."

„Ich kann mich mit dem Text nicht identifizieren. Ich bin kein Auto-Freak."

„Stumpfer Text."

„Ich kann eine Frau besingen ... aber nen V8?"

Kirche:

„Ich bin katholisch und verstehe die Kritik vom Song und kann mit ihm teilweise auch übereinstimmen. Aber die sehr herabwürdigende Art, wie der Papst betitelt wird, gefällt mir nicht."

„Man sollte nicht den Glauben anderer öffentlich kritisieren."

„Ich bin bekennender Katholik."

„*Ich scheiße auf den Papst* ... geht absolut nicht."

Regen:

„Ich finde, von der Art her passt es überhaupt nicht zu den *Onkelz*."

„Das Lied passt einfach nicht zu den *Onkelz*. Das ist ein *Der W*-Ding."

„Der Stefan kann nicht singen."

Deutschland den Deutschen:

„Stumpfer Patriotismus."

Stöckel und Strapse:

„Pubertär und sexistisch. Musik von gewalttätigen, überdrehten Jungs, das brauche ich wirklich nicht mehr."

Viel zu jung:

„Da es mich an meine Vergewaltigung erinnert."

„Ich weiß, der Text ist gegen Kindesmissbrauch, aber er ist doch ziemlich heftig und ich kann ihn nicht gut hören."

„Weil ich finde, dass mann nicht über so ein heikles Thema singen sollte."

„Die Botschaft des Liedes ist klar. Aber seit ich selbst Vater bin, kann ich es nicht mehr hören ..."

„Das Lied erdrückt mich, wenn ich es höre. Ich finde es so schlimm, dass es Missbrauch in welcher Form auch immer überhaupt gibt auf dieser Welt."

Alles Fotzen außer Mutti:

„Sexistisch und aggressiv."

Dick und durstig:

„Das Lied ist einfach nur hohl und man kann es nur hören, wenn man selber einen im Tee hat. Was ich aber nie habe. Lach."

„Ich trinke keinen Alkohol und mag solche primitiven Saufhymnen nicht."

„Sogar mir zu prollig."

„Hab gesehen, was Alkohol aus einem Menschen machen kann."

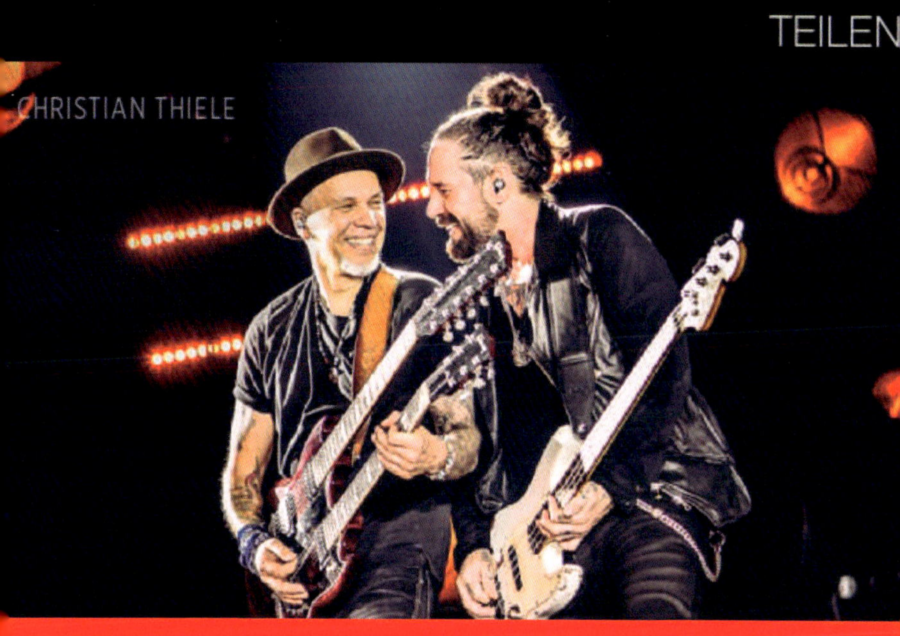

CHRISTIAN THIELE

Bild

GEFÄLLT MIR

GEFEIERTES KONZERT IN DER OLYMPIAHALLE

Böhse Onkelz so gut wie nie

VON DIRK STEINBACH
20. DEZEMBER 2016

Fazit

Nicht nur die Band hat in ihrer fast 40-jährigen Geschichte enorme Wandlungen vollzogen, auch ihre heutigen Fans haben nur noch wenig mit denen der Anfangsjahre gemeinsam. Die *Böhsen Onkelz* starteten 1980/81 als Band von Szeneangehörigen einer Subkultur – zunächst Punks, dann Skins – und ihre Fans waren im Grunde genommen nicht anders als sie: Punks, Skinheads, Hooligans, insgesamt wenige tausend überwiegend junge Männer. Nach ihrem Rückzug aus der rechten Szene eroberten sie nach und nach Fans aus der Heavy-Metal-Szene, die mit ihren früheren Liedern schon musikalisch wenig anfangen konnten, noch weniger aber mit der Bandidentität als kurzhaarige, rechtsorientierte Schlägergang. Inzwischen hören Millionen *Onkelz*, und obwohl *Onkelz*-Fans nach wie vor Stress wegen ihrer Liebe zu der Band bekommen, gehört es in vielen Kreisen schon fast, wie es ein Fan formulierte, „zum guten Ton", ein *Onkelz*-Fan zu sein. Die Songzeile *Mit dieser Band hast du nicht viele Freunde* ist objektiv betrachtet heute Unsinn – und trotzdem immer noch ein Teil der Identität der Fangemeinde. Keine andere deutschsprachige Band schafft diesen Spagat zwischen Millionen verkaufter Tonträger und dem Selbstverständnis als Underdog und Außenseiter des Musikbusiness (oder gar der Mainstreamgesellschaft allgemein) so überzeugend wie die *Böhsen Onkelz*. Ihre Weigerung, sich ständig in Talkshows zu präsentieren oder allen Medien Interviews zu geben, ist ein ebenso zentraler Faktor ihrer Glaubwürdigkeit wie die Biographie der vier Musiker bzw. vor allem die von Kevin Russell. Ein erneuter Rückfall ihres Sängers in den Drogensumpf könnte ebenso das endgültige Aus der Band bedeuten wie andauernd euphorische Medienberichte (wie der Konzertbericht der *Bildzeitung* von der letzten Tour). Letzteres ist allerdings kaum zu befürchten. Die Medienlandschaft ist in ihrer Mehrheit viel zu bildungsresistent, vorurteilsgeleitet, feindbildverliebt und schlagzeilenfixiert, um Fehler einzugestehen, Einschätzungen zu korrigieren und Phänomene wie die *Böhsen Onkelz* – oder die Deutschrockszene insgesamt – differenzierter zu betrachten. Aus diesem gewaltigen Missverhältnis zwischen dem Shitstorm der bürgerlichen Öffentlichkeit auf der Basis von Uninformiertheit und Denkfaulheit und der Realität des Wandels der Band bezieht die *Onkelz*-Familie ihre Energie.

Allerdings erklärt das die besondere Bedeutung der Band für ihre Fans nur zum Teil. Denn die Mehrheit der Fans sind nicht mehr Jugendliche, für die der Provokationsgehalt einer Band traditionell eine wesentlich höhere Relevanz hat als für Erwachsene. Das Besondere der Band ist, dass sie ihren Fans Kraft und Selbstbewusstsein gibt, mit Krisen und Verlusten fertig zu werden und auch bei starkem Gegenwind die eigene Position zu behaupten. So wichtig die gesellschaftskritische und aggressive Seite der Band auch ist, etwa ihr Hass auf Neonazis und kirchliche Institutionen, für ihre Fans sind die *Böhsen Onkelz* in erster Linie eine *positive* Band, die aber im Gegensatz zur heilen Welt des Pop und Schlager die üblen Dinge des Lebens nicht ausblendet.

Dabei sind *Onkelz*-Fans im realen Leben durchschnittlich nicht übler dran als andere Menschen. Sie sind – auch wenn sie es selbst manchmal nicht gerne hören – im Gegenteil ziemlich „normale" Mitbürger_innen: mal dumm, mal intelligent, mal engagiert, mal konsumtrottelig, mal politisch ‚rechts', mal ‚links'orientiert. Manche sind gewalttätig, die große Mehrzahl nicht, manche sind arbeitslos und einige wenige gehören zu den Reichen und Privilegierten in unserer Gesellschaft wie ihre Lieblingsband inzwischen auch, die meisten zur Mittelschicht der Fachkräfte und Angestellten. Was sie von anderen unterscheidet, ist ihre besondere Leidenschaft, die weit über einen bloßen Musikgeschmack hinausgeht. Und Leidenschaft ist in einer Welt, in der scheinbar immer mehr Menschen alles gleichgültig ist, was sich nicht materiell rechnet, ein kostbares Gut.

Quellen

Printmedien

B.O.S.C. Fanzine Nr. 5, Frankfurt am Main 1996.
Metal Hammer 1/1988.

Tonträger

Böhse Onkelsz: Böhse Onkelsz (Demo-Tape), 1981.
Böhse Onkels: Der nette Mann. *Rock-o-Rama*, 1984.
Böhse Onkelz: Böse Menschen – böse Lieder. *Rock-o-Rama*, 1985.
Böhse Onkelz: Mexico. *Rock-o-Rama*, 1985.
Böhse Onkelz: Onkelz wie wir. *Metal Enterprises*, 1987.
Böhse Onkelz: Kneipenterroristen. *Metal Enterprises*, 1988.
Böhse Onkelz: Es ist soweit. *Metal Enterprises*, 1990.
Böhse Onkelz: Wir ham‘ noch lange nicht genug. *Bellaphon*, 1991.
Böhse Onkelz: Live in Vienna. *Bellaphon*, 1992.
Böhse Onkelz: Heilige Lieder. *Bellaphon*, 1992.
Böhse Onkelz: Weiß. *Bellaphon*, 1993.
Böhse Onkelz: Schwarz. *Bellaphon*, 1993.
Böhse Onkelz: Hier sind die Onkelz. *Onkelz Productions*, 1995.
Böhse Onkelz: Viva los Tioz. *Virgin*, 1998.
Böhse Onkelz: Memento. *Matapaloz*, 2016.

Internet

Facebook:

http://allfacebook.de/zahlen_fakten/erstmals-ganz-offiziell-facebook-nutzerzahlen-fuer-deutschland

böse menschen, böse lieder, böhse onkelz - immer wieder..; https://www.facebook.com/b%C3%B6se-menschen-b%C3%B6se-lieder-b%C3%B6hse-onkelz-immer-wieder-125300524160131/?fref=ts

Böhse Onkelz; https://www.facebook.com/groups/2261082530/?ref=br_rs

Böhse Onkelz Fanpage; https://www.facebook.com/BoehseOnkelzFanpage/?fref=ts

Böhse Onkelz Fanz 1.0; https://www.facebook.com/groups/bofanz1/?fref=ts

Böhse Onkelz ....Gehasst.....Verdammt....Vergöttert; https://www.facebook.com/groups/1437388849861407/?fref=ts

Böhse Onkelz – Karten von Fanz für Fanz!; https://www.facebook.com/groups/onkelztickets/?ref=br_rs

Böhse Onkelz Ticketbörse; https://www.facebook.com/groups/272787646209915/?fref=ts

Böhse Onkelz - 1.000.000 Mitglieder bis ende 2011; https://www.facebook.com/groups/146878418714341/?fref=ts

Böhse Onkelz (Offiziell); https://www.facebook.com/boehseonkelzoffiziell/?fref=ts

Böhse Onkelz Original Merchandising und Info Seite; www.facebook.com/bo.merch

Böhse Onkelz - Wir sind wieder da; https://www.facebook.com/groups/1384429415214155/?fref=ts

Böhse Onkelz Zitate; https://www.facebook.com/boehseonkelzzitate/?fref=ts

Böhse Onkelz 2017 Hockenheim; https://www.facebook.com/B%C3%B6hse-Onkelz-2017-Hockenheim-660262430698627/?fref=ts
Die Böhse Onkelz Familie; https://www.facebook.com/groups/643414875725517/
E.I.N.S 2014 – böhse onkelz; https://www.facebook.com/groups/747167251961848/?ref=br_rs
G.O.N.D. - Den Onkelz sei ein Fest; https://www.facebook.com/gond.festival/?fref=ts
Ich wette,dass ich immer noch 500 000 BÖHSE Onkelz-Fans finde; https://www.facebook.com/500.000Fans/?fref=ts
Onkelz Freundeskreis Ratingen Düsseldorf Deutschland und der Rest der Welt; https://www.facebook.com/groups/157821134554087/?fref=ts
https://www.facebook.com/groups/1437388849861407/permalink/1877731782493776/?comment_id=1878219272445027¬if_t=group_comment¬if_id=1488454935264537

Sonstige:

https://de.statista.com/statistik/daten/studie/180048/umfrage/verteilung-der-bevoelkerung-in-deutschland-nach-bundeslaendern/
https://statistik.arbeitsagentur.de/nn_10414/Statischer-Content/Grundlagen/Klassifikation-der-Berufe/KldB2010/Systematik-Verzeichnisse/Systematik-Verzeichnisse.html; https://www.destatis.de/DE/Publikationen/StatistischesJahrbuch/Arbeitsmarkt.pdf?__blob=publicationFile
www.bo-merch.de
www.destatis.de/DE/ZahlenFakten/LaenderRegionen/Regionales/Gemeindeverzeichnis/Administrativ/Aktuell/02Bundeslaender.html

„Hätte mir damals wer gesagt, die Onkelz würden eines Tages eine der erfolgreichsten Bands Deutschlands sein, ich wäre wohl laut schreiend davongerannt. Ich wollte die Onkelz nur für mich. Sie waren meine Droge, mein Trost, meine Kraft, mein Ein und Alles. Auch wenn sich im Laufe der Zeit Songs angesammelt haben, mit denen ich nichts anfangen kann, und ich heute ein anderer Mensch bin, als ich damals war – die Liebe ist niemals erloschen. Die Liebe ist immer noch da. Die Liebe für die Böhsen Onkelz, die geilste Band der Welt."

André Pilz

BÜCHER VON ANDRÉ PILZ

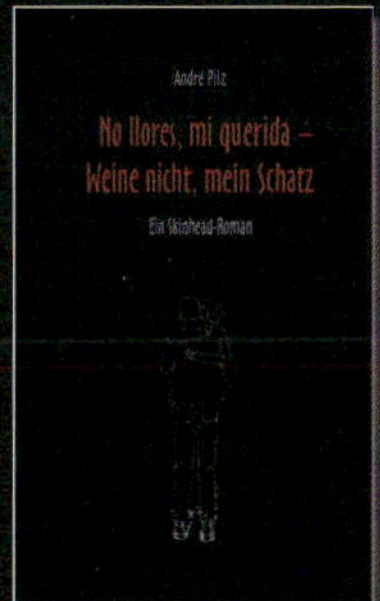

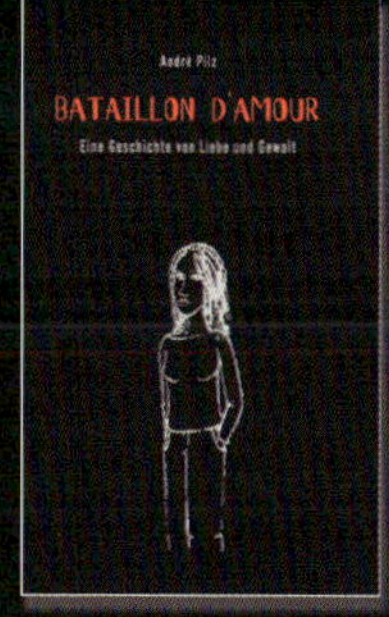

André Pilz

No llores, mi querida
Weine nicht, mein Schatz.
Ein Skinhead-Roman

Hardcover, 240 Seiten
12,00 EUR

3-865460-31-3 (print)
978-3-943612-03-5 (epub)

Der erste deutschsprachige Skinhead-Roman, nicht von einem Journalisten oder Kinderbuchautor, sondern von einem Skinhead geschrieben.

André Pilz

Bataillon d'Amour. Eine Geschichte von Liebe und Gewalt

Hardcover, 323 Seiten
12,00 EUR

978-3-865460-46-2 (print)
978-3-943612-03-5 (epub)

Das schockierende Porträt einer jungen Kolumbianerin, die in Deutschland zur Prostitution gezwungen wird. Mit seinem unverkennbaren Stil zieht uns „der deutsche Irvine Welsh" in seinen Bann.

Empfohlen von der Stiftung Lesen und amnesty international im Rahmen der Kampagne „Wissen gegen Willkür":
„*Bataillon d'Amour* beschönigt nichts, lässt nichts offen und ist daher sehr nah an der beklemmenden Wirklichkeit (...) Beileibe nichts für schwache Nerven, aber für Leser, die realistische Lektüre zum Lesen suchen, sicher eine gute Wahl."

Gibt es überall, wo es Bücher gibt – und direkt bei uns: https://shop.hirnkost.de

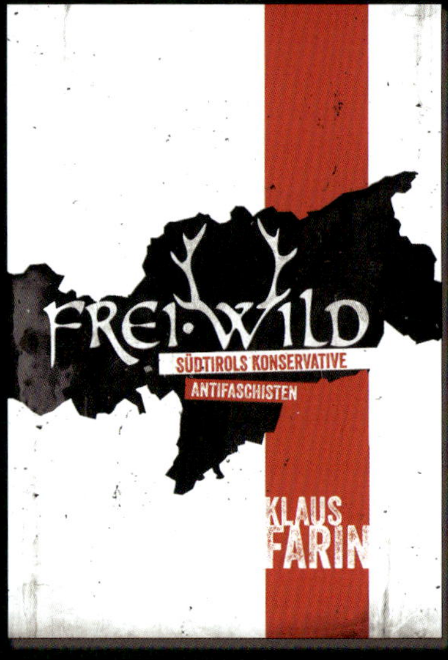

Frei.Wild. Südtirols konservative Antifaschisten

Hardcover, 400 Seiten, Großformat, über 300 Abbildungen, Posterbeilage
36,00 EUR

978-3-945398-22-7 (print)
978-3-945398-24-1 (epub)

Frei.Wild provoziert und polarisiert die öffentliche Meinung wie keine andere deutschsprachige Band, aber kaum eine andere ist derzeit auch so erfolgreich. Klaus Farin hat nicht nur die vier Musiker zwei Jahre lang immer wieder getroffen, sie auf Tour begleitet und zu Hause in Südtirol besucht, sondern auch mehr als 4.000 Fans der Band befragt, mit Historikern und Musikwissenschaftlern, 59 weiteren Deutschrock-Bands und vielen anderen KünstlerInnen und Frei.Wild-KritikerInnen gesprochen sowie biografische Gespräche mit Angehörigen und Aussteigern aus der rechtsextremen Szene u. a. zur Funktion von Musik in der rechten Szene geführt. So ist dieses Buch nicht nur eine Band-Biografie geworden, sondern zugleich auch eine der größten Fan-Studien, eine Auseinandersetzung mit dem neu erwachten Regionalismus in Europa und der Wirkung und Bedeutung von Musik, mit Mediendarstellungen und Vorurteilen. Eine Heimatgeschichte der besonderen Art zwischen Rock'n'Roll und Patriotismus, Freiheit und Faschismus, Glaube und Popkultur. Edutainment-Literatur zu einem der brisantesten Themen der Gegenwart.

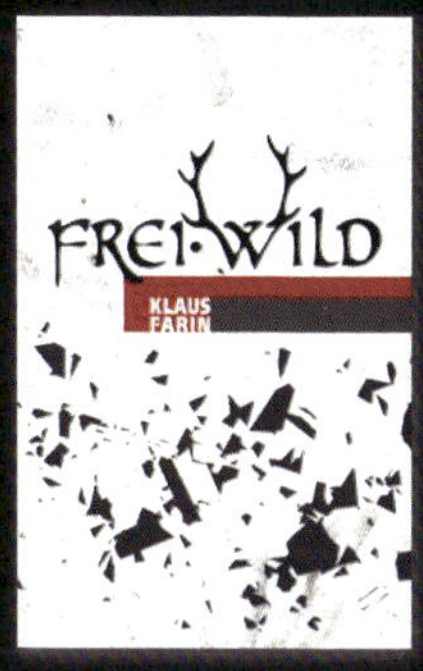

Frei.Wild

Hardcover, 320 Seiten
18,00 EUR

978-3-945398-53-1 (print)
978-3-945398-55-5 (epub)

Frei.Wild provoziert und polarisiert die öffentliche Meinung wie keine andere deutschsprachige Band, aber kaum eine andere ist derzeit auch so erfolgreich. Klaus Farin hat nicht nur die vier Musiker zwei Jahre lang immer wieder getroffen, sie auf Tour begleitet und in Südtirol besucht und interviewt, sondern auch mehr als 4.000 Fans der Band befragt, mit Historikern und Frei.Wild-Kritiker_innen gesprochen. So ist dieses Buch nicht nur eine Band-Biografie geworden, sondern zugleich auch eine der größten Fan-Studien, eine Auseinandersetzung mit dem neu erwachten Regionalismus in Europa und der Wirkung und Bedeutung von Musik, mit Mediendarstellungen und Vorurteilen. Eine Heimatgeschichte der besonderen Art zwischen Rock'n'Roll und Patriotismus, Freiheit und Faschismus, Glaube und Popkultur.

Gibt es überall, wo es Bücher gibt – und direkt bei uns: https://shop.hirnkost.de/

WEITERE BÜCHER VON KLAUS FARIN

„Selten ist bei der Redaktion so viel erfreute Zustimmung eingegangen wie bei diesem kleinen Buch von Klaus Farin.“
Hans-Otto Hatzig in: *Mitteilungen der Karl May-Gesellschaft*

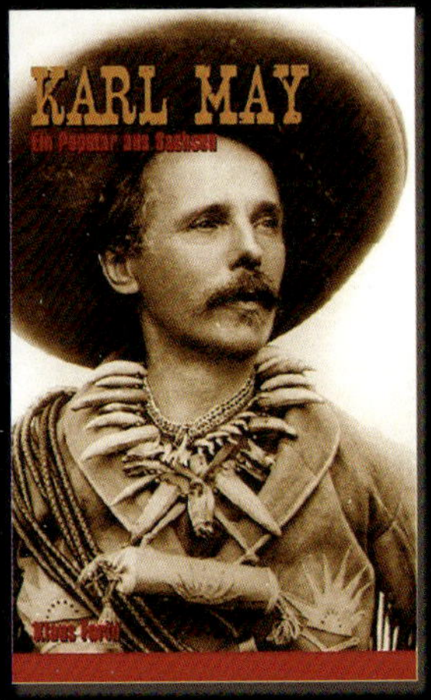

Karl May – ein Popstar aus Sachsen

Hardcover, 164 Seiten
12,00 EUR

978-3-940213-72-3 (print)
978-3-943612-31-8 (epub)

„Für Klaus Farin entpuppt sich die Beschäftigung mit Karl Mays widersprüchlich-bizarrer Persönlichkeit als ein kriminalistisches Abenteuer höchster Güte, dessen Verwicklungen und Nachwirkungen er rund um die Erde und bis in die Gegenwart hinein nachspürt. Mal liebevoll-neugierig, dann wieder kritisch-distanziert, versucht er dem rätselhaften Phänomen Karl May auf die Schliche zu kommen. Dabei teilt Farin manche Seitenhiebe aus, er schont weder Mays Verleger noch die Fans des Popstars aus Sachsen. Er lässt Apologeten und Kritiker zu Wort kommen und bemüht sich – cum grano salis – um ein ausgewogenes Urteil. Fazit: Mit diesem Buch entzündet Klaus Farin keine Kerze zum ehrfurchtsvollen Gedenken an den Dichter Karl May, nein, er brennt ein knallbuntes Feuerwerk für den Popstar aus Sachsen ab.“

Erwin Müller in: *KMG-Nachrichten*

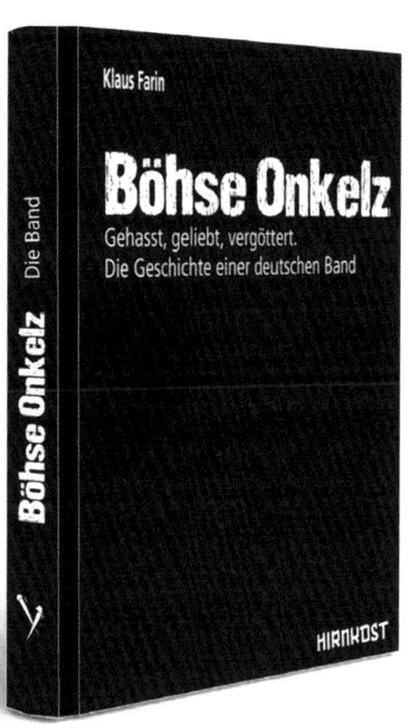

Mit dieser Band hast du nicht viele Freunde texteten die *Böhsen Onkelz* einmal. Heute – drei Jahrzehnte später – sind sie die erfolgreichste deutsche Rockband. Gehasst, geliebt, vergöttert. Wie haben sich die Band und auch ihre Fans in der Zeit verändert? Wofür stehen die Böhsen Onkelz heute, die schon mehrfach von Kritikern aufgefordert wurden, ihren Namen aufgrund ihrer Vergangenheit zu ändern?

Klaus Farin, der Gründer des Archiv der Jugendkulturen in Berlin, Ex-Journalist, -Security und -Veranstalter, hat die Band 1993 zum ersten Mal bei einer Tour begleitet – und seitdem nicht wieder aus den Augen verloren. Hier ist ihre Geschichte.

Hardcover, 160 Seiten
18,00 EUR

978-3-945398-59-3 (print)
978-3-945398-61-6 (epub)

Beide Bücher in Schutzkassette zusammen
32,00 EUR
ISBN: 978-3-945398-36-4

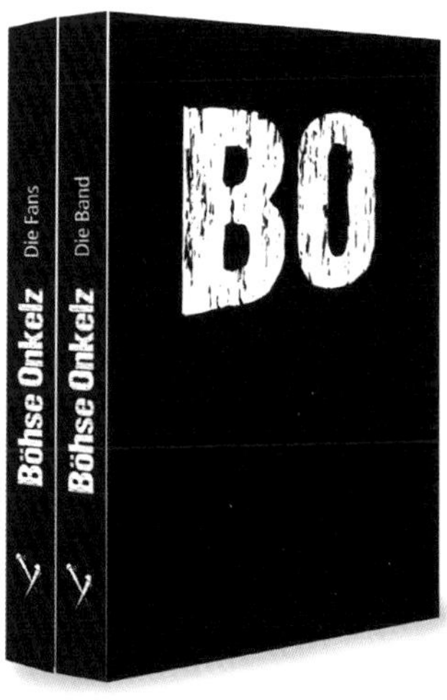